PREPÁRATE
PARA VIVIR EN
RIQUEZAS
EN 2 PASOS

Derechos del autor

Título del original: Prepárate para vivir en riquezas: EN 2 PASOS. Moisés Emanú.
Propiedad Literaria ©2016 - 2019 Compañía De Riqueza Publications. Publicado en castellano ©2016 por Kindle Direct Publishing, Amazon Inc., autorizada. United State of America. https://www.amazon.com/

Diseño de portada e interiores: Moisés Emanú.
Formatos: Electrónico (eBook) e Impreso.

Compañía de Riqueza S. De R. L. ®2019 Inversiones FP®2014. Una publicación del grupo de empresas de Compañía de Riqueza S. De R. L. Impreso y digitalizado en Estados Unidos de América. Printed and digitized in United State of America.

Emanú Moisés
Prepárate para vivir en RIQUEZAS: EN 2 PASOS.
Latino America. 2018-19
FINANZAS Y DESARROLLO PERSONAL | EMPRESA
REDES DE MERCADEO | ESTRATEGIAS Y AUTOAYUDA |
DINERO | FAMILIA
204 páginas: 15, 24 x 22, 86 cm (6x9).

ISBN - 13: 9781980754763

PREPÁRATE
PARA VIVIR EN
RIQUEZAS
EN 2 PASOS

Las 12 claves que necesitas saber para comprender el tema del dinero y ***PORQUE*** *es necesario, para* **acabar de una vez por todas** *con las preocupaciones.*

Lo que necesitas hacer ***DE INMEDIATO*** *basado en el paso uno (practicar) para lograr la felicidad financiera* ***y al fin poder disfrutar.***

MOISÉS EMANÚ

www.planificaturiqueza.blogspot.com/

wealthcompany.co@gmail.com

Expresiones de gratitud

Al universo −Dios− por su fidelidad, misericordia, perdón, revelaciones, sus leyes, conocimientos y el regalo de cada día.
A mis estimados amigos y hermanos en la fe; por los valores aportados, apoyo moral y amistad. Gracias.

Mi querida y preciosísima madre por haberme traído a la vida, por su esfuerzo, lucha, valentía y crianza. Te amo Mamá. Gracias.

Mis queridas hermanas, Maribel, Iris y Liceth, Gracias hermanas, las quiero mucho.

Todos nuestros preciosos lectores. Muchas gracias por su confianza.

Sinopsis

1. El objetivo principal de esta guía, es darte principios sobre porque la preparación es tan necesaria como para poder vivir en riqueza en todas sus formas posibles; como tambien comprender con urgencia sobre la necesidad de cambiar la manera como vemos y administramos el dinero para lograr una vida sin aflicciones financieras.

2. Vamos a conocer porque es necesario saber lo que es en verdad riqueza para no perdernos en el tiempo, no solo para disfrutarlas hasta la muerte, sino para hacerlas crecer sabiamente.

3. Comprender porque necesitamos aceptar que prepararnos constantemente es vital, para mantener alejada las influencias y hábitos mentales que nos vuelven a la pobreza, y nunca jamás volver a esas penurias. Pero tambien comprender que, de no hacerlo, volverías no solo a la pobreza, sino pero aun, al terrible caos de la miseria donde andrajosos comen de los basureros de las calle y su esperanza es la muerte para acabar con todo; y entender que no solo se trata de dinero, sino más de TI.

4. Y finalmente pero no menos importante, reconocer que todos necesitamos creer en una fuerza con poder más allá de nuestras capacidades: en el universo –Dios–.

Contenido

Introducción

Porque las esposas imprudentes
No disfrutaron de la boda y las prudentes sí.

…´´Cinco de ellas eran prudentes y cinco insensatas.
Las insensatas tomando sus lámparas **no tomaron consigo aceite**; *mas las prudentes tomaron aceite (además del que ya tenían) en sus vasijas, juntamente con sus lámparas; y tardándose el esposo, cabecearon (se durmieron) todas ellas.*
A la media noche, se oyó un clamor: ¡Aquí viene el esposo; salid a recibirle! Entonces todas aquellas vírgenes se levantaron y arreglaron sus lámparas. Y las insensatas dijeron a las prudentes: ´´Dadnos de vuestro aceite porque nuestras lámparas se apagan´´; Mas las prudentes les respondieron diciendo: Para que no nos falte a nosotras y a vosotras, id más bien a los que venden y comprad para vosotras mismas. Pero mientras ellas iban a comprar, vino el esposo y las que estaban preparadas entraron con él a la boda y se cerró la puerta. Después vinieron las otras vírgenes (las insensatas), diciendo (al esposo):
´´ ¡Señor, ábrenos! ´´, más el respondiendo dijo: ´´De cierto os digo, que no los conozco´´.
Historia Bíblica antigua (lenguaje modificado).

Antes quiero pedirte me disculpes si encuentras errores de cualquier tipo en el libro, porque no se hizo con sello editorial. Seguro has escuchado la frese: *"que injusta es la vida conmigo"* Pero sabes ¿Qué? no, no es que la vida haya sido injusta conmigo y con nadie: lo que sucede es que no vemos bien lo que en realidad hacemos que la

Vida se nos presenta como "injusta".

Considero como muy buena la historia que hemos tomado para hablar sobre dinero. Pero antes quiero aclarar que no soy religioso, y que no pretendo imponerte nada. Respeto su libre pensar y decisión de practicar estos principios. Pero las vírgenes insensatas, se **conformaron** con solo el aceite que poseían en sus lámparas, *sin considerar la posibilidad de quedarse sin el precioso recurso.* Entre tanto, las prudentes no *fueron conformistas*, no se confiaron demasiado, no se creyeron sabias en su humana sabiduría, sino que decidieron actuar con humildad yendo más allá de su capacidad y dando paso libre a su imaginación: se *reabastecieron* con más del recurso. ¿No es cierto que allá fuera muchos pasan lo mismo? Por la imprudencia, el exceso de confianza, la tontería de la necedad en el incorrecto uso del dinero terminan dando lastima. ¿Por qué las vírgenes imprudentes no entraron a las bodas (riquezas)? Exactamente porque fueron **imprudentes**. Se traduce como: ***no estaban preparadas.***

El conformismo y la mediocridad que impiden ver hacia el futuro probable, el autoengaño creyendo que todo estará bien, es una brutal tontería.

Una tras otra se repite la misma historia sucediendo hoy en la familia, las relaciones personales, la religión, los negocios, la política y la economia en general. La mayoría de las personas se conforman con solo una fuente de ingresos (como las vírgenes imprudentes con un poco de aceite), ignorando que existía posibilidad de la pobreza y miseria. La miseria es el próximo nivel en la escala de la escasez después de la pobreza. No existe otro lugar donde podamos llegar sino no tomamos acciones. Y es allí cuando decimos: "la vida es injusta conmigo". La realidad es que usted fue injusto (a) consigo mismo (a); el regalo del amanecer viene, pero usted es el encargado en ocuparse de hacerlo diferente.

La razón principal por la que muchos no pueden, no ha podido y quizá no podrán gozar de las riquezas espirituales y físicas verdaderas que están predestinadas para ellos; es que no poseen el conocimiento correcto, y por ello, la falta de preparación. Morirán sin saber que había cosas maravillosas para ellos. ¿Podemos evitarlo? si: **imitando la actitud prudente del accionar de las preparadas vírgenes sabias.**

La vida siempre estará llena de altibajos. Yo los he sufrido. Claro que somos seres imperfectos y eso no significa que no vayamos a triunfar. No justifico la pereza. Exhorto, ante todo, que hagamos la parte que nos toca, que tomemos **acciones ya**. ¿Pasaremos por tristezas y alegrías? Sí; ¿Pasaremos por desesperanzas y desanimo? Por supuesto. Su servidor, hombre experimentado en quebranto, llanto y soledad, es la prueba viviente de que si se puede alcanzar el éxito. Pero sepa usted que la riqueza siempre tendrá la curiosa idea de presentarse en tiempo de crisis. Si, de nuevo lo diré: *las oportunidades se presentarán en los tiempos de crisis.*

Dependerá de usted, si quiere, si posee los sentidos bien ejercitados en el descubrimiento de lo que es pobreza y riqueza, lo bueno y lo malo. Dependerá de usted si quiere ser creativo (a), alegrarse, **no conformarse** –si contentarse– y ser ambicioso (a) –con paciencia–. Pero más adelante hablaremos sobre la palabra **ambición**. Créalo, se sorprenderá de su significado. Pero preparación es la palabra clave lo cual implica obtener el conocimiento que nos beneficie. Hablamos de:

Actitud: disposición **mental** voluntaria que proviene de nuestro interior, se trata **ser**, de la creatividad, como pensamos. Esta marca un rumbo admirable e increíble.

Aptitud: disposición corporal movida por la información en nuestra mente.

El error que podemos cometer es usar la imaginación sin accion. **La mente es la inventora por excelencia de todo lo que hoy existe e influye en nuestra vida.** La mente es la madre de las invenciones, como ´´la paciencia a la ciencia´´. Pero se han creado fórmulas ´´mágicas´´ con el fin de ganar dinero aprovechándose de la ignorancia de muchos. Han comprendido la técnica del engaño producto de que usamos la imaginación sin accion. **Es nefasto.**

Como ve en esta ocasión no será lo mismo con este libro. Porque **no intentamos** esconder la verdad acerca del dinero, ya que, enfrentamos el problema como debe ser: **de raíz**. Así que, lo que obtendrá de este libro será para su buen provecho y estoy sumamente seguro, que le ayudará en su ruta hacia la riqueza. Eliminará conceptos erróneos y le daré el conocimiento correcto para poder prosperar.

Le comento que a mí me pasaba muchas veces que era diestro usando la imaginación, creando preciosas cosas para mi vida –en la mente– y pensaba: *"si fuera esto, si fuera lo otro, ¡qué maravilloso!"* y suspiraba, pero **no tomaba accion**. Tenía la misma actitud y aptitud de las vírgenes insensatas, que disfrutaba las cosas que creaba en mi mente, más no en la realidad.

No fue sino hasta que le agregue el **pilar de la *accion*** y *mi vida cambio por completo.*

Mientras algunos amigos susurraban tratando de entender cómo es que funcionaba, se burlaban de mi ignorando que el creador del universo ***creo cosas que no existían* con el usó de la mente.** Pero para mí había un futuro. Ellos hoy se sorprenden.

Debe saber o quizá lo sepa, que la pobreza ***siempre estará allí.*** Aun cuando el adinerado es "rico", siempre tendrá la situación de pobreza que le motivará a gastar su dinero **sin propósito**. Porque el problema no es externo, sino interior.

Se dice: *´´nació en cuna de oro´´*. Pero no, no lo es, no es cierto y no lo crea. No es verdad. No debe limitarse porque no es rico aquel, sino **posee la sabiduría para administrar sus bienes. Eso sí es riqueza**. Pero el niño no lo es hasta adquirir el CONOCIMIENTO CORRECTO PARA MULTIPLICAR SU DINERO.

La riqueza no depende de −cuanto tengo− o −haya nacido−, sino **de qué tipo de información haya adquirido.** Y absolutamente todos nacemos en pobreza. Y es una declaración bastante audaz y que puede usted no estar de acuerdo −y respeto− su libertad de pensamiento, **pero es la realidad.**

Hasta ese momento del nacimiento, no poseemos el cconocimiento correcto para ser ricos ¿Cierto? **El rico no nace, SE HACE**. Una cosa si es cierta: **que todos podemos aprender a ser prósperos y ricos.**

Yo no creo en esas mentiras de que: *´´mantenme del pan necesario´´*. No es otra cosa que autoengaño y conformismo. ¿Quién puede hoy vivir con eso? Por favor. No seamos hipócritas. **Es la carencia de información correcta la causa de la desigualdad, de la pobreza en el mundo** – y de esas declaraciones–. Por tal razón abogamos a qué todos recibir la información correcta para prosperar.

Tres cosas me llaman la atención poderosamente sobre las vírgenes de la introducción:

Primero, *el conformismo:* ignorar que la vida es evolutiva. **Segundo,** *la precaución*: prever el futuro. **Tercero,** *la ambición*: la cual **no tiene nada que ver con avaricia o codicia**.

El ambicioso ama lograr nuevos retos y se relaciona con ayudar a otros. Pero el avaro y codicioso, solo él o ella quiere ser, no les gusta ver *´´ojos bonitos en caras feas´´*. Su ´´yo´´–ego– es su dicho favorito; y no quiere compartir, porque es codicioso y avaro.

En cambio el ambicioso, ***su pilar de avanzada es la bondad, porque siempre se relaciona con beneficiar a otros.***

Las vírgenes imprudentes, descartaron **la posibilidad** de quedarse sin el preciado aceite, sin recursos, y esa fue su ruina; y es el mismo problema de empleados, inversionistas y empresarios de hoy que creen que la miseria no llegara a ellos –pues siendo conformistas más rápido llegara a ellos–.

Vemos a los ricos como disfrutan, pero porque han descubierto el secreto del dinero y la idea central: **se hizo para producir dinero.** Usted entiéndalo y empezará a darse un *rumbo distinto con su dinero y vivir una vida sinigual.* Nadie puede vivir con lo necesario, porque olvidan que la vida no es barata ¿O es usted barato? Así la pobreza es la precursora de tantos delitos, mentiras y fracasos en la sociedad. Riqueza justa solo se logra cuando todos tenemos **acceso a la información correcta.** Y no hay excusa en la edad. No es el tema de que el dinero sea la principal fuente de la desigualdad –no lo es–, sino la **información incorrecta sobre dinero**. Por tal razon, ellos, aman –no es malo– disfrutar administrar sus fortunas y hacerlas crecer; **amar la libertad y el tiempo.**

Las vírgenes sensatas decidieron prepararse

mejor **abasteciéndose** con el recurso necesario para no quedarse sin la preciada luz (como si de dinero se tratase). Quedarse en la oscuridad de la pobreza. Su éxito estaba garantizado.

Según la real Academia Española, esto es lo que dice acerca del **conformismo, la precaución y la ambición:**

Conformismo: actitud o práctica de la persona que acepta fácilmente cualquier circunstancia de carácter público o privada (su pobreza por ejemplo). Ejemplo: *´´–el equipo de futbol frente al empate,* ***no busco la vitoria****–´´.*

Precaución [sinónimo de preparación]: reserva, cautela para evitar o prevenir los inconvenientes, dificultades o daños que pueden temerse en el futuro. Por Ejemplo: *´´–Mas las vírgenes prudentes dijeron: para que no nos falte a nosotras ni a vosotras, id más bien a los que venden y traed para vosotras–´´.*

Ambición: deseo ardiente de conseguir algo, especialmente poder, riquezas, dignidades o fama. Cosa que se desea con vehemencia –amor, pasión y coraje–. Se considera **saludable** cuando promueve *la accion y el desarrollo de proyectos.*

Funciona como un motor que **invita** a abandonar el conformismo y la mediocridad.

Deseo **controlado y consciente**. Por ejemplo: *´´—Su mayor ambición, es vivir en el campo—´´*.

La característica principal del ambicioso, es buscar ***su desarrollo y el de los demás.*** En cambio, el codicioso y avaro, solo ellos quieren ser, son egoístas.

El grave error **mental** que comete el pobre, es asociar el conformismo con la ambición y la codicia. Esto es una clara señal de **su ignorancia**, pues no conoce a ciencia cierta los conceptos verdaderamente científicos.

El conformismo no permite progresos. Y la codicia nos provoca hacer las cosas **sin control, sin compartir**, y, su resultado es negativo. Ese es el problema del que codicia o avaricia: *su deseo es incontrolado, no tiene paz y obtiene aquellas cosas por medios incorrectos, destruyendo su alma.* Pero **la ambición** nos motiva a lograr todo ***con paciencia,*** y, la paciencia se traduce como **control** —*lento, seguro y buena letra*—. Entonces, esa **es la gran diferencia.**

La ambición es **deseo controlado**, tiene paciencia. La codicia, la avaricia, es deseo incontrolado (medios corruptos). Por eso **no es lo mismo.** Sea ambicioso, no codicioso ni avaro. **Tenga control, SEA RICO.**

Preparación: se característica es la ***anticiparse***.

Predice los acontecimientos. Y el enemigo de la preparación, es el conformismo. Pero el principio clave que nos llevara siempre a ser ricos, **es la ambición y tiene que ver con preparación.** Permítame decirle que el objetivo del creador y del universo para toda la humanidad, y, en especial para usted, **es que viva magníficamente bien en todos los aspectos de su vida.**

Qué seamos perfectos y cabales en todo ahora, y que nada, pero absolutamente **nada** nos falte.

El secreto del éxito financiero no es que solo sea un máster en el lenguaje del dinero**, es también que deba estar en armonía con su ser interior, paz interna**; mucho más necesario que el dinero. **Pero su dinero, debe ser el medio que utilice para producir esa paz** ¿Lo ha entendido?

Lo que hoy aprenderá aquí es precisamente eso: ***adquirir la paz interior que necesita, y usara su dinero para lograrlo: atreves del conocimiento correcto.*** No crea en esos dichos *egolátricos religiosos, –y no cristianos–* que le dicen que acumular riquezas es ´´malo´´. Es ***urgente*** tener un crítico pensamiento desarrollado, pues el mismo Jesús tambien lo tenía. Y veamos la historia del hombre rico en el bestseller de los siglos, libro de **San Lucas,**

Capítulo 12 versos 16 que dice:

´´También les refirió una parábola diciendo: *La heredad de un hombre rico había* ***producido mucho.*** *Y él pensaba dentro de sí, diciendo: ¿Qué haré, porque no tengo dónde guardar mis frutos* [“riqueza”]*? y dijo: Esto haré: derribaré* ***mis*** *graneros, y los* ***edificaré mayores,*** *y, allí guardaré todos* ***mis*** *frutos y* ***mis*** *bienes, y diré a mi alma: Alma mía, muchos bienes tienes guardados para muchos años; repósate, come, bebe, y regocíjate.* Pero Dios le dijo: ***Necio,*** *esta noche vienen a pedirte tu alma* (no prever el futuro); *y lo que has provisto* ***¿de quién será?*** *Así es el que hace para* ***sí*** *tesoro* (dinero), *y no es rico para con Dios* (ni para consigo mismo) ´´.

¿No es impactante lo que aprendemos hoy y practicar al terminar de leer este libro? Quiero que note las palabras re marcadas. Vera que la característica principal del porque Dios regaña al rico y el rico pierde la vida, es porque ´´**Mi**´´ es su principal objetivo, sinónimo de egoísmo:

´mis frutos, mis graneros, todo para mí´´. **No dijo:** *yo y mi familia, trabajadores y todo aquel que me ayudo a lograr esta riqueza y estilo de vida.*

El egoísta es codicioso y avaro: todo lo hace para él. En su mente no existen sus empleados, sus clientes ¿comprende? Aquellos que le ayudan a acumular su riqueza. No les importa el bienestar de los demas. No quieren que los demas ganen —tu ahorras el dinero en sus bancos, pero los intereses que nos dan a la ´´vuelta de la esquina´´ nos lo cobran, en concepto de guardar nuestro dinero allí. Es decir, **no te dan nada**, pero usan nuestro dinero sin consentimiento, y no comparten las ganancias−.

A ellos no imites. Pronto morirán a causa de su codicia. Morirán de un mal. Pero vea tambien lo siguiente: *´´necio* −le dijo−*y lo que has provisto* ***¿de quién será?*** ´´. Dios no regaño al rico **por acumular riquezas** −hacerse millonario−. **Lo reprendió porque previó con quien lo compartiría o a quien beneficiaria.**

Vera que la causa principal del fracaso del rico y de su pobreza, **no era el dinero,** sino ***su tacañería.*** Dios regaño y permitió quitar la vida al rico **por ser egoísta**, por no dolerse de la mal de otros, de su necesidad y pobreza, y no compartir (de alguna forma) con ellos de lo que tenía. Por eso el pobre no lo logra enriquecer, sino hasta comprender, aceptar y *practicar* esta clave millonaria. Tambien aquí quiero recalcar y comprobar sobre la mentira de que: *´´raíz de todos los males, es el amor al dinero´´*. **Falso**. Porque el dinero **no es** el tema central de esta historia, sino **la información egoísta del rico y poco interés en comprender los alcances del dinero. Y** esa información estaba en él. Significa que el dinero no era el problema, sino **EL** ¿Qué facil culpar al dinero no?

Y no aceptar que yo y usted somos los responsables los problemas en cuanto al dinero. Quiere decir que, **la persona es el problema**, según lo que le hayamos aprendido (información) acerca del dinero, **NO** el dinero.

Mi opinión personal

La mayoría del fundamento cristiano de hoy en día, está basado en el egoísmo, el conformismo y la ignorancia–no todos–. Sé que muchos de ellos leerán este libro y no estarán de acuerdo conmigo. Pero la mayoría se conforman con su puñado de: *´´pobres aquí, pero ricos allá en el cielo´´*. Aunque Jesús no es eso lo que enseña, sus casas no soportan los altos impuestos del gobierno en la gasolina, energía eléctrica, e insumos básicos, etcétera. La otra realidad, es que su dirigente goza de la mejor parte del pastel (el diezmo) sin crear ideas que catapulten a los fieles a un bienestar común y puedan repetir el ciclo de oportunidad y salvación para otros. Pero no lo hacen porque hay egoísmo en ellos, porque no han comprendido los verdaderos secretos de la riqueza de su Dios, y, argumentando que Jesús no fue socialista, habiendo Jesús alimentado a mas cinco mil seguidores. Llámelo como usted quiere ¿socialismo o bondad? es lo mismo: yo le llamo bondad: **la clave para el éxito financiero.**

Queda claro entonces y al descubierto, la maldad de ellos en sus corazones. Y no se volverán ricos hasta comprender que: teniendo en todas las cosas lo suficiente, abunden para toda buena obra. Pero en cuanto a usted, es comprender que la dadiva le vuelve más exitoso y RICO ¿Por qué? No solo porque es bueno, admirado y protegido, sino porque evita muchos males −enfermedades− científicamente comprobadas a causa de la codicia y avaricia; que es todo lo contrario a la bondad. Y no digo que usted va ir a regalar todo su dinero, No. Porque no es ese el verdadero fundamento de la riqueza duradera que aquí estamos enseñando y aprendiendo. Porque seguro estará recordando aquella famosa frase que se dijo: *´´vende todo lo que tienes y dalo a los pobres´´*. Y la realidad es que no era eso lo que el maestro trataba de enseñarle al rico, sino que el rico supiera que hay cosas mucho mejores que el dinero y bienes. Cosas como sentir la felicidad de ayudar a otros y recibir un buen nombre. Y que lograra la poderosa capacidad interpersonal **de la madures y el desapego** (entender que no tenía por qué temer –si regalar su dinero fuera una opción−, porque ya conocía el camino a la riqueza). Porque que imagínese absurdo seria que este leyendo un libro que le dice ´´vaya y regale todo su dinero´´, Jajaja.

¿Cree usted que yo lo haría? Nooo. No porque usted crea que no seré bondadoso, sino porque **se y conozco** los verdaderos y correctos fundamentos de la riqueza, incluso eternas. Y ese el valor incalculable que usted recibe de este libro; que le dice cómo lograr su riqueza por siempre.

Que aprenderá de este libro

Las claves que me ayudaron a lograr las cosas increíbles que jamás pensé. Tan solo el hecho de escribir este libro y descubierto esta habilidad, es algo incalculable. Y la satisfacción bella que siento, de saber que vine a esta tierra con un propósito y dejar un legado; ayudando a millares de personas a lograr sus objetivos ¡qué cosa tan linda!

Este libro le ayuda a descubrirse a sí mismo, y sorprenderse de las capacidades que usted posee para alcanzar sus sueños. Aprenderá la hermosura de ayudar a otros para usted tener éxito –como lo he logrado–, y en síntesis, se estará ayudando a usted mismo. Logrará conocer no solo el fundamento correcto para enriquecer, sino también aspectos técnicos de una forma sencilla, práctica, para ponernos en marcha a partir **de hoy, si, DE HOY,** alejándose de las preocupaciones para que empiece a gozar los resultados.

Logrará:

1. Desarrollar carácter financiero.
2. Pasar de una riqueza temporal a una por siempre porque el conocimiento se vuelve dinero.
3. Nutrirse de ideales para demostrarse a sí que es capaz de lograr TODO lo que quieras.
4. Lo que tiene que hacer en medio de lo que dicen sus amigos, familiares y la sociedad.
5. Derribar la creencia de que "raíz de todos los males el amor al dinero" y descubrir que provoca ese mal, tomar el control y prosperar al nivel que ha deseado.
6. Conocer las dos claves raíces para el éxito financiero perdurable.
7. Desafiar la creencia de que "usted necesita un título o ser religioso" para alcanzar la libertad financiera. Eso no es verdad, descubrirá porque.
8. Gozar de su vida como nunca.
9. Derribar la creencia de que el universo –Dios– "es pobre", para lograr enriquecer sin miedos ni culpas.

Yo no quiero esperar más. ***Empecemos*:**

Dispóngase dejar la pobreza y la miseria: trasciende en la riqueza

Prosigo a la meta, al premio del supremo llamamiento del creador que es en Cristo Jesús.
—La biblia.

Disposición, para mí es una palabra que significa: **querer** hacer las cosas. Si en verdad usted, de todo corazón, no quiere dejar la pobreza y está leyendo este libro por pasar el rato, le aconsejo por favor con todo respeto, que lo cierre, y regale a un amigo (a) o familiar querido, que de este dispuesto en verdad querer hacerlo. Pero usted **no se auto engañe,** porque no lo logrará. Debo ser sincero. A menos que **sinceramente** quiere salir de la pobreza, y se proponga, y use esta guía para lograrlo. Y debo agradecerle por haber comprado este libro.

Sé que estoy siendo duro, pero lo que menos pretendo es decirle como volverse rico mágicamente, o según las formulas aduladoras de muchos libros de ´´ricos´´ que lo hacen es aprovecharse de su inocencia para vender, cuando al final usted termina igual. Puede que se enoje conmigo, *pero más vale enemigos por decir la verdad, que, por decir mentiras. Y yo, prefiero que no me compren por decir la verdad, que por enseñar mentiras.*

Esa no es la finalidad de este libro. El auto engaño es uno de los principales factores que contribuyen a la pobreza y nos impiden ser ricos. El auto engaño es un truco psicológico que aprendemos con el fin de querer hacer algo que en realidad no haremos. Así engañamos –eso creemos– a nuestro cerebro diciéndole que lo haremos, para evitar que nuestro subconsciente (aquella vocecita en lo profundo) no nos diga: "–Hey, tienes que prepararte para dejar la pobreza y ser sumamente prospero; tienes que hacerlo. No te obligues a vivir en la condenación de la pobreza–". Y como no es nada sencillo el esfuerzo y nuestro cerebro lo sabe, usa el auto engaño. Y quisiera decirle que es 'sencillo', pero no es así. Me ha llevado y me sigue llevando varios años estar donde estoy, pero si le diré algo: ***Vale la pena.*** Puedo asegurarle que esto es inteligente. Ya no tendrá que hacerlo como hasta hoy y sin los resultados deseados. Entonces no se trata de engañarnos: *eso no es riqueza.* Es pobreza. Así que con el auto engaño nada pasa. La riqueza es en base a la verdad, el auto sinceridad, no a la mentira y auto engaño. *Disposición* es querer hacer las cosas. Así de práctico. Nada pasa cuando no queremos ¿cierto? ¿Ha intentado querer hacer algo que no quiere? ¿Lo ha logrado?

Y si lo logra, le es incómodo, poco satisfactorio: ***es porque no lo hace con amor y pasión. Porque no quiere. Porque no se siente a gusto. Porque usted es más efectivo (a) en aquello que siente deseo de hacer.*** Y es preciso decir que esta es la clave **numero dos para el éxito de la vida en todo.**

Entonces ¿tiene usted disposición **a querer**? Si su respuesta es un **sí,** prosigamos, pero de ser un no, cierre el libro y bendiga a otra persona cercano a usted que si quiere lograrlo. Obséquieselo. Porque sabrá lo rico que se siente en esa accion de bondad, una las bases de la riqueza interpersonal y material, y, la razon del ***porque*** los ricos son cada vez más ricos. Y hablo de los que son en verdad. Pregúntese: ¿en realidad quiero seguir siendo pobre? En el principio de nuestra humanidad, todo fue riqueza material y espiritual ¿lo sabía? La abundancia de recursos era basta, como ir al refrigerador y tomar lo que quiera; aunque primitivamente, pero asi lo era. Al preguntarse si en realidad quería seguir siendo pobre ¿Qué fue lo que escucho de su interior? Seguro de inmediato y casi sin percatarse se dijo: NO. Pero vamos aquí de nuevo, y hagamos el ejercicio. Hare de nuevo la pregunta: **¿Quiere usted en realidad seguir siendo pobre?**

Escriba aquí su respuesta: _____.
¿Verdad que nadie quiere vivir en la preocupación? La realidad es que ***no está*** nuestra naturaleza el deseo de pobreza, más sin embargos **lo aprendimos**; pero no es algo que naturalmente deseamos. Usted puede decidir ser pobre –si ese fuera su deseo–, pero en lo profundo de su ser, su naturaleza le indicará que **no.** Estoy 99 por ciento seguro, convencido que, al realizarse dicha pregunta, empezó a pensar en los miles de dificultades financieras que ha tenido que pasar, las luchas por las necesidades sus hijos, lo mucho que ahora le está costando alcanzarlo. Y estoy seguro, que de inmediato su contestación fue: **No, no quiero ser pobre.**

Creo que esa es la prueba más contundente del porque usted no quiere ser pobre, y de obedecer a esa tontería de ´´quiero ser pobre´´ –ignorancia–. ¿Cuál es su miedo? ¿Olvidarse de su Dios o ser tan malo como los otros ricos?

En este libro encontrara la verdad para que eso no suceda. Y si usted obedece a estos principios, lograra mucho más. Y ahora que nos hemos sincerado, vamos a lo siguiente: **somos el medidor financiero principal** por excelencia, que moverá todas las piezas restantes en nuestro manejo efectivo de dinero. **Identificar y reconocer la situación en la que nos encon-**

tramos *–nuestro ser mental y físico–* es el siguiente paso para no caer en la pobreza –mental y físicas–. Por ello fue de suma necesidad saber dónde nos encontrábamos mentalmente.

Al decidir dejar la pobreza y no caer en la miseria (fue de las cosas primeras que hice; *sincerarme conmigo* y ***´´hartarme´´*** de andar ajustado, **disponerme** e identificar **conscientemente** donde me encontraba –desarrollo de consciencia–, fue que empecé a ver los resultados.

Para mí fue difícil aceptar que era pobre (porque no quería –por miedo– darme cuenta que lo era, ya me había acostumbrado y me gustaba la falsa idea) y porque **no sabía distinguir entre pobreza, miseria y riqueza.** Usted sabe, crecemos con esas tonteras de que el dinero es malo, es la raíz de todos los males, de que es basura y vanidad, y nos condenan a algo tan triste: La Pobreza. Me habían enseñado que mientras tuviera casi todo *(debiéndolo a los prestamistas, bancos, casas comerciales, etc.)*, decían que yo ya era rico. Pero no lo entendía porque siempre me **quedaba ajustado y afligido a la hora de pagar las cuentas**. En realidad, no era consciente de ello. Y vivía la vida de otro. En mi sucedía lo del famoso dicho financiero: ***"él, es un rico pobre".***

Y no darme cuenta, me alejaba cada vez más de mi propósito de riqueza y me volvía más pobre.

No es el dinero lo que te hace rico, sino lo que el dinero puede hacer por nosotros a fin de ser mejores humanos, y lo que puede hacer por los demas −sean su familia o comunidad−.

Lastimosamente abundan las enseñanzas de que si me volvía rico, ´´me olvidaría de Dios y lo negaría´´. Digo es por la justa razon de que tal declaración ofrece –en el fondo− un claro ejemplo de pobreza mental y la excusa de refugiarse en el conformismo; conformismo que el final genera insatisfacción y murmura. Una manera muy efectiva de hacer que las personas de hunde en el dolor. Pero más aún: *la facilidad de negar más rápido a su Dios, o de ser un mal rico.* Pienso y digo: −que ignorancia de tales predicadores, y que poco alcance−. Vemos pues que la clave para que eso no suceda, es conocer la verdad; verdad que hoy estamos aprendiendo de este libro.

Las personas −muchas− no quieren que usted viva la vida que por tanto tiempo ha anhelado, y que ellos no han podido lograr. Se permiten ser **presos de la absurda ignorancia**, resistiendo al cambio. Y en ocasiones, en el fondo, por egoísmo y envidia: porque no quieren que tú con tus hechos les digas: *equivocados estan.*

¿Cómo cree que los conquistadores españoles pudieron robarse nuestras riquezas latinoamericanas? Pues usando sus engaños con la excusa de que Dios –el de los indios– se los ordenaba. Y los indios (por su ignorancia) cayeron en la trampa. Como muchos de hoy que por las ´´tretas´´ engañosas de predicadores ´´cristianos´´ usan su autoridad –su llamado de Dios– y el nombre de su Dios para justificar sus gastos (deudas) monumentales –y algunas monedas a su mano izquierda–.

Hoy en día se sigue usando este método en muchos lugares. Y por desgracia, vemos a millares de personas en todo el mundo en sus pleitos mentales con el tema del dinero, porque han aceptado dichas influencias; y duermen en pobreza. **Solo alguien con los sentidos bien ejercitados en descubrimiento del mal, puede rechazarlo y evitar ser afectado**. Ahora usted ya lo sabe, y no se dejara engañar.

Al investigar bien a fondo acerca de este tema, descubrí que su biblia decía: *A los ricos ordena, **que sean generosos en buenas obras y abunden en ello.*** Entonces entendí porque los religiosos pensaban que el dinero –para ellos– ´´es la raíz de todos los males´´: y es que ellos ***saben*** en su corazón, **que no quieren ser generosos.**

Y esa es la razon de su mal en cuanto al dinero. Porque el antónimo de generosidad es la codicia, la avaricia, que producen males en el corazón que se transforman en enfermedades científicamente comprobado.

La razón de todos los males en el hombre, es a raíz de que **no quieren compartir su riqueza. Y hasta este punto usted está entiendo, porque ayudar a otros es necesario para tener éxito en las finanzas interpersonales –y usted lograrlo–, para ser muy prósperos y rico.**

La gente egolátrica, egocéntrica, e idolatra, no puede ser rico. Usted entiende de una vez por todas (para no caer en males) y para lograr ser libre financieramente y tener abundancia y riqueza en todo que, ***debe compartir su riqueza.*** Olvídese del egoísmo. Olvídese de la jactancia y soberbia que son frutos de la avaricia y la codicia.

Cuando eres generoso y sabes ganarte la aceptación del pobre, muy difícilmente no te harán un mal. Muy difícilmente no se prestaran para hurtar y perjudicar. Yo no descarto que haya gente sin escrúpulos, pero con ellos, se debe vivir sabiamente.

Le hare unas preguntas que le llevaran a vivir con éxito:

1. ¿Por qué usted ha de vivir muy rico, pero restregándole en la cara –indirectamente– su riqueza (con jactancia) al pobre para a la vuelta de la esquina le espere para matar?
2. Qué es más inteligente, ¿vivir como pobre –con la cuenta de banco llena– o andar por ahí con tantos lujos jactanciosamente que lo esperen hurtar?
3. ¿Podría evitarse males aplicando los principios que aprende hoy?
4. ¿Tiene usted que decirle a todo el mundo que es rico? Déjeme responder por usted ¿sí? No. El común denominador en todo esto es: Sabiduría, Prudencia.

Yo me pongo en los zapatos de un millonario y sé que no es nada facil. Y lo entiendo porque la mayoría de Latinoamérica, son gobiernos corruptos y deberían proteger a sus ciudadanos. Pero yo creo que usted logró captar el mensaje.

Si tiene que proteger su vida, hágalo. Pero debe vivir sabiamente con los de allá afuera. Sea sabio (a).

Pensamientos destructivos

¿Cuánto pensamiento (al parecer bueno) se profesa hoy pero que al final llevan a la muerte de una vida? Creo no terminaríamos la lista.

Son palabras que las escuchas de personas y lugares donde menos espera. Y en realidad empiezas a cuestionar si de verdad nos aprecian como dicen.

Estas son las cosas con las que nos enfrentarnos cada día: un mendigo en la calle, que aunque es un mendigo (y da mucho pesar su condición), nos dice con su estilo de vida que no hay riqueza, y que todo es pobreza. Pero sabemos que él se encuentra allí por el engaño aprendido.

A diario se liberan feroces batallas mentales, pero, nuestra misión es identificar y comprobar la veracidad de dicha información investigando.

John C. Maxwell dice: *´´—sus expectativas deben estar basadas por lo que usted* ***espera, no*** *por las decisiones de alguien más—´´*

Si lo que yo le digo usted, comprueba con investigación y en la práctica de estos principios que no le da resultado, debe ponerse en contacto conmigo para felicitarle y corregir mis errores. Pero si usted practica estos principios y le producen verdaderos resultados, siéntase libre de contactarme para compartir su felicidad y lograr una maravillosa amistad. Me sentiré complacido de haber logrado el éxito suyo. En el proceso de lograr la riqueza, muchas personas se llenan de miedos. Piensan que no lo van a lograr, etc. Lo tremendo del asunto es que hasta ese momento, el miedo, y nada consecuente a su miedo no es real: **porque sigue siendo imaginario.** Está pasando solo en su mente **y no en su vida real**. Pero hay beneficio en esto: porque ***puede impedirse mientras está en la mente***, *y de acuerdo a la información que le haya formado para lograrlo.*

De qué clase de riqueza estamos hablando

¿Es necesario vivir como viven algunos ricos? ¿Sera sabio e inteligente hacerlo? La decisión es suya. Y dependerá del país donde se encuentre. Usted sabrá que es más inteligente: **protegerse o trasladarse a un país seguro.** Para mi ver, yo prefiero aparentar ser un luchador y con mi cuenta de banco llena. Pero hay un ejemplo que decidí seguir y plasmar en este libro; y merece ser considerado. El caso del Sr. **Warren Buffett**, si, **y no por ser multimillonario**, pero él es tan sabio con su dinero, que sabe en que invertirlo (no en tonterías jactanciosas) el cual continúa viviendo en la misma casa de 1958 y su riqueza neta asciende a los $66,000 mil millones de dólares según la revista Forbes.

´´Aquí soy feliz –dijo– *Me mudaría si pensara que sería* ***más feliz*** *en algún otro sitio´´.*

–contesto a la BBC en una entrevista–. Entonces, ¿diremos que las personas poseen fines equivocados y por eso el dinero NO les hace feliz? Allí tienes tu respuesta. Usted decide a quien seguir: *los que le hacen la vida llena de paz, menos riesgo, más sencilla y facil con la chequera llena o quienes le dicen de jactarse de todo lo que tiene.* Usted elige.

¿Cuál es nuestro problema? En nuestro próximo libro: ***También lo ricos, comen huevos***, explico la razón principal de una manera divertida y jocosa, pero muy real, del porqué de los miedos de muchos a enriquecer, y el hecho de que los pobres no pueden lograrlo –en su mayoría– aun cuando tienen dinero. Pero le daré un adelanto:

Lo que trato de explicar en el libro, es la errónea idea que los ricos –verdaderos ricos– no viven una vida de lujos y gastando todo su dinero por el que trabajaron tanto ¿no es el gasto un principio de pobreza? Escuche a cierto millonario decir: ´´es tanto dinero que no te ajusta una vida para gastarlo´´. Creo con firmeza que eso solo es pobreza. Lo que es la verdadera riqueza, está centrada en el bien colectivo, no pensarla para un fin individual.

¿Tiene sentido lograr ser ricos para gastarlo

todo a nuestras anchas? Es absurdo. La finalidad de la riqueza absoluta se centra en el bienestar común. Que de alguna forma usted ayude a los demas. No digo que vaya a regalar su dinero, porque la gente no presta valor a lo regalado (en algunos casos, y debe conseguir el compromiso de ellos). Como dice el dicho popular: *´´al que no le cuesta, hagámoslo fiesta´´.*

Entonces, ¿Por qué quiero ser rico? ¿Para satisfacer a todas mis necesidades y comprender que alguna manera tengo la capacidad de mitigar el hambre de muchos? No debe ser posible que siendo ricos vivimos con principios de pobreza: no dolernos por la necesidades de otros. Y hay muchos que viven así; no encuentra paz en su interior. Como muchos pobres que tampoco lo encuentran. Y ese es el concepto equivoco que la mayoría tiene de la riqueza y de los ricos, y por tal razón, no llegan a serlo. Esa es la razón principal del porque los miedos de la mayoría al enriquecerse: **´´piensan que les van a robar, secuestrar, extorsionar y perder la vida´´.** No si usted es inteligente y sabe vivir sabiamente. Bueno, debo ser honesto y reconocer que hay ciertos peligros, pero aunque eso suceda, es su decisión enriquecer al nivel que usted desee. La misión de este libro, es hacerle ver los fundamentos correctos para enriquecer correcta

Y conscientemente. ***Usted sabrá cual problema tener: la pobreza tan dura y aquejante o la abundancia de dinero con inteligencia.***

Si aun asi continua dispuesto a seguir adelante, pues vamos.

La jactancia es producto de alguien que cree que es 'rico´´ pero solo está modelando por la pasarela de la riqueza. Como si fuera una moda.´´
—Moisés Emanú.

Los verdaderos ricos son sabios e inteligentes. No son tontos. Tengo un amigo —millonario— al cual llamaremos Teófilo y es un ejemplo para mí. Si lo ve, no creerás que rico; porque el ´´camina´´ en transporte público, tiene una casa sencilla, y sus hijos son felices. De esto es lo que hemos venido hablando. Si es posible, si se puede. Cuando le visito, compartimos hablando de negocios y nuestros resultados financieros. Yo soy el que más me sorprendo de su riqueza.

El problema radica en si en la información que las personas han recibido acerca del dinero. Información de miedo. Información de excusas. Esa es la causa principal de los fracasos anticipados de las personas. Si nos predisponemos al fracaso sin este haber sucedido en realidad, no podremos alcanzar la prosperidad y la paz financiera interior; que es lo más importante. Y la pobreza será promovida por la arrogancia. El secreto de un buen éxito financiero interpersonal, está en adquirir el conocimiento correcto.

Cuando no hay humildad en nuestra vida, la pobreza está presente. Porque la arrogancia no permite beneficiarnos de las oportunidades de aprendizaje; mismas que nos garantizan el éxito. La arrogancia es aquella vocecita que nos dice al oído: "—no lo necesitas, para que este libro si ya leíste al de padre rico—" o ´´—que importa, da igual—´´. Y la realidad es que aquellos libros **no lo dicen todo; porque no todo está dicho.**

Sabemos que no es el dinero lo que nos determina como tal, sino la calidad de nuestros pensamientos, por la calidad de la información que recibimos. Esto es lo que en realidad marca una diferencia entre la pobreza y la riqueza, y entre un rico de un pobre. Y se nos ha enseñado que lo material nos da el ser y que ´´tanto tienes, tantos vales´´. Por supuesto que es una **total mentira.** Si usted se vale por esas cosas –que perecen— usted no vale nada. Usted no debe valerse y fundamentar su vida por cosas perecederas mientras este con vida. Por ese tipo de afirmaciones, ricos y pobres terminan su vida en nada, sin sentido. Ya no saben porque existen, para que han venido a esta tierra y no tienen sentido de logro mucho menos de pertenencia. Porque siguieron tal consejo errado y se dieron cuenta de que había **algo más** en lo profundo de su ser que no lo satisfizo lo material. Usted no debe separar la idea de enriquecer de la parte humanitaria. Porque el verdadero fin de la riqueza, es enriquecerle y beneficiar a otros. Pero con la disposición de querer hacerlo se podrá lograrlo. ¿Basará su vida en o por lo material? Vuélvase rico, tenga abundancia, pero **sobre todo**: ***procure tener paz interior y la paz con los de su alrededor.*** La vida vale es hermosa y la información –correcta– que la forma y no por lo que tenemos es lo que la hace bella.

La base fundamental de la vida se halla en la información que recibimos. De otro modo y con justa razón, existirá tanta infelicidad respecto del dinero y la vida se debatirá entre la pobreza y la riqueza; y no porque el dinero la produzca, sino por la información que hemos recibido acerca de él. Si su dinero no le genera felicidad, debería preguntarse **¿Qué tipo de información he recibido?** La humildad nos vuelve conscientes, nos prepara y prospera. La humildad nos hace ser más oidores y dispuestos.

. Un texto antiguo dice: *´´–Riquezas, admiración y largura de años, son la recompensa de la humildad–´´*. Con la humildad nos encontramos aptos a las oportunidades. La humildad nos ubica en la posición correcta hacia la riqueza, en el lado del autocontrol. Entonces, no es el dinero: es el conocimiento que recibió acerca de él. El error de la mayoría es valorarse por lo que tienen y no por **la calidad de seremos humanos que pueden convertirse.** Hay gran debilidad en su interior que aún no han querido trabajar. Aún recibido la información correcta. Ser conscientes de donde nos encontramos *–mentalmente–* es **nuestro primer paso para salir de la pobreza y la miseria y lograr la libertad interpersonal financiera, paz y verdadera seguridad en todo.**

Para mí, **disposición** significo que, me ***"harté"*** tanto de pobreza y de una vida de apariencias, ***que me dispuse*** dejar esa vida. Desde entonces lucho cada día teniendo cuidado por lo que escucho sobre este tema allá fuera, e ir en busca de esa paz incomprendida (por muchos) que el dinero te puede dar. Pues como el dinero está ligado a mi vida –y a la todos– en casi un cien por ciento, es mi vida en si lo que está en juego. La riqueza correcta inicia de dentro de nuestro ser, luego se manifiesta en lo

Físico. Y dicho esto, quiero numerar **dos tipos de confianza** en torno a la riqueza:

1. Estar confiado porque ´´cree que todo está bien´´, **sin asegurarse de la realidad.**

2. Estar confiado porque **verifico** que todo marcha bien. No solo eso: se prepara más aun, se reabastece sin descartar toda posibilidad de pobreza.

En la mayoría de los casos las personas se encuentran ubicadas en la categoría uno. Aproximadamente el 97 por ciento de la población mundial –quizá más, quizá menos−, y por el surgimiento de **la nueva economia del futuro Bitcoins** que favorece en cierta medida. (Y si, *te profetizo que esta será la economia del futuro.* ***Asi ándale a invertir ahora mismo; y espera;*** **Yo, ya lo hice).** A lo anterior se le suma una educación tradicional **que produce cada vez más pobres y menos ricos.** Políticas bien intencionadas, pero mal conceptualizadas, mucho menos practicadas. Todavía recuerdo que me costó pasar matemáticas en la universidad y cuando fui al empleo **nada de eso aplique**. Asi de bruto e ignorante esta ese sistema y no entiendes porque mucho lo quieren

Cursar. Yo, no me emocione y si lo hacía, seria por lujo; es mi verdad, y máxime cuando conoces sobre la verdad de ese sistema ignorante y pretencioso. Eso es lo que las universidades enseñan: **IGNORANCIA.**

La universidad simplemente es un negocio que juega a favor de quienes lo ejecutan o son dueños. Produce empleados, **no ricos: esa, es su fuente original.** Solo un 10 por ciento aproximadamente –quizá menos– no se permiten caer en esa tentación y deciden ponerle seriedad *al control de su dinero y prosperar* no permitiendo que sus jefes tomen absoluto control de sus vidas: algunos no se confían del todo del empleo y emprenden. Yo, los felicito. Y espero lo mismo de usted.

Por tanto, las siguientes tres palabras puntualizan en definitiva el nuevo método exitoso de comprensión del dinero jamás inventado, súper más facil de comprender, en su disposición de lograr objetivos y lo que me llevo a ganar mucho dinero sin ser rico mientras me transformaba en rico:

El Triángulo Económico de la Vida (TEV) por sus siglas.

Entenderemos este sistema tomando como base

las siguientes tres palabras:

M=Miseria
P=Pobreza
R=Riqueza

Al leer estas palabras seguro creerá que conoce su significado, pero no, porque las personas siempre tienen opiniones como base de ciertos conceptos y nada mejor **que comprobar** científicamente la veracidad de los significados, para recibir luz completa y confiable, en nuestro camino hacia la prosperidad y la riqueza al nivel que deseemos. Y quiero aclarar que no pretendo atentar contra sus principios y valores actuales o lo que le hayan dicho por allá, u obligarle a adoptar lo de hoy. Usted es libre de aceptar un método tan facil de comprender como el nuestro o uno en el que tenga que emplear más esfuerzo, tiempo y dinero. Todo evoluciona y estoy seguro que usted es muy inteligente, que si encuentra a alguien que le ayuda a hacer la vida más práctica, facil y segura, usted se lo permite y lo recibe ¿cierto?

Descubramos:

Miseria: 1) Desgracia o infortunio.

2) Extrema pobreza. 3) Se relaciona con la falta de oportunidades, sobre todo conformismo y falta de búsqueda.

Pobreza. 1) Es la situación o condición socioeconómica de la persona o población que no puede acceder o carece de los recursos básicos, tanto físicos como psicológicos para satisfacer sus necesidades que le permitan un nivel y calidad de vida adecuado. 2) tiene que ver con la falta o carencia de conocimientos.

Riqueza: 1) Incremento de riqueza. 2) El término de riqueza suele asociarse al patrimonio o capital neto. 3) Conjunto de bienes y derechos de una persona natural o jurídica, privada o pública, y la suma algébrica de todos los valores que forman parte de este conjunto de riqueza. 4) La suma de los valores de los bienes y derechos que constituye la riqueza bruta. También corresponde con el "fondo" o de renta, y el de "flujo"; esto es, la cantidad de disponibilidades liquidas utilizadas en una determinada actividad. La riqueza produce renta y la renta incrementa la riqueza.

Fuente: Diccionario de la real Academia Española.

La causa del engaño que no le permite a muchos

Lograr su libertad de riqueza financiera, desde ya supone dos problemas:

1. **La condición de miseria y pobreza. Y**
2. **El conocimiento equivocado.**

Si al leer los conceptos antes descritos usted identifico en cuál de ellos se encuentra, vamos más cerca de lograrlo. **Identificar donde nos encontramos,** es lo que hace del **Triángulo Económico de la Vida,** un método efectivo para ayudarle a alcánzalo más rápido. Es más, si usted quiere nuestro eBook, con mayor rapidez podrá dirigirse al capítulo 11 donde se encuentra la regla 10/90 del dinero, para empezar a ordenar sus finanzas y lograr resultados a partir DE HOY, a través de un enlace que lo llevara directo. De igual modo, en la version impresa, solo diríjase a tal capitulo y comience a ver los resultados. De ese modo, podrá entender con mayor claridad ***porque*** nos cuesta prosperar, y lo que tenemos que hacer para ir ***tras el triángulo correcto.***

Si pensamos que el dinero no es importante, vanidad o la raíz de todos los males, no espere vivir en riquezas: espere una horrenda pobreza. Porque no siempre quienes predican sobre esto, son necesariamente libres financieramente. Y

En la mayoría de los casos, le deben hasta el alma a los bancos con préstamos que superan la cordura de sus finanzas organizacionales, tratando de construir iglesias en nombre de Dios, **abusando** de la fe de los creyentes, del amor y el temor por su Dios, y sometiéndoles a cargas **(deudas)** que no pueden llevar (ni su propia vida, a veces). Y ni tan siquiera cumplen con los requisitos bíblicos para hacer este tipo de compromisos financieros, para lograr mayor impacto en el mundo. **Usted** tiene que hacer lo contrario a lo que dice el libro La Biblia: *´´Por falta de conocimiento, pereció mi pueblo´´,* ósea: **adquirir conocimiento.** Y usted **es libre** de participar **o no,** pues usted sabe dónde está sentado y bajo que fundamentos, pues Dios mismo le dio libre albedrío; **y NADIE** puede obligarlo hacer algo que usted **no quiere**, **mucho menos** no esté respaldado por su sagrado docma religioso. **Asi que**, fe, sobreponiéndose a las leyes establecidas del dinero que el creador dejo, no siempre es religión, mucho menos fe. Usted no pondrá en peligro sus finanzas personales, máxime cuando le quieren sacar dinero para endeudarse en su iglesia. Es más, alguien dijo: *´´Quien recibe prestado,* ***es esclavo*** *del que le presta´´.* Asi que, no vamos a discutir quien es esclavo de quien,

Porque ya lo sabemos; del mismo modo, quien vive toda su vida trabajándole al jefe sin lograr sus propios sueños. **Y asi que**, no siempre usted tiene que aceptar todo lo que ese montón de neófitos le dicen. Aunque tambien puedes usar la esclavitud de las deudas, para sacarle más dinero invirtiéndolo: ***he allí la diferencia***; diferencia, que por ser demasiado religiosos (algunos, que por poco les hace falta la oréala en la cabecita y las alitas), no pueden ver. Y la fe, NO ESTA basada en el error ¿Cuál error? **La deuda justificada por fe, ósea**, solo porque usted tiene fe a mil por hora, **no por eso** se va ir a tirarse de un puente ¿me explico? Del mismo abusar de la fe en nombre de Dios para endeudarse, **es como tirarse de ese puente.** En fin, pasemos a nuestro tema porque no quería hablar de religión (me disculpas) y eso que tengo 11 años de militar en el tema. Pues bien, dejémoslo allí (pero debías saberlo) y pasemos a lo que me interesa:

Yo no puedo mentirle, lo siento, **esto es serio**. Pero si comprende, acepta y practica estos principios que yo le enseño hoy, le garantizo que su vida será transformada como lo fue conmigo.

¿Hablamos de la parábola del dinero?

´´Un hombre rico se fue de viaje, pero encargo a tres personas su dinero [talento]. A uno dio cinco talentos (supóngase $5), *a otro dio tres, y al postrero dio uno.*

Cuando hubo regresado el rico, pidió cuentas a sus administradores, y al que le fue entregado cinco talentos, este **le produjo cinco más;** *al que le fue dado tres, este* **le entrego tres,** *a lo cual el rico dijo a ambos:* ***´´¡Bien hecho, magníficos administradores y fieles!*** *Por cuanto hicieron esto y fueron sabios y fieles en lo poco, entren en el gozo de su amo* (el jefe) *a disfrutar conmigo´´. Pero al que entrego uno, este no le produjo nada, sino que enterró su talento* (habilidad para administrar y producir dinero, u cualquier otra) *dijo a su amo: ´´Señor, sabía que eres hombres duro, que siembras donde no cosechas, y recoges donde no esparces, por eso, enterré tu dinero´´.* El amo le contesto: *Si sabias que soy hombre duro, que recojo donde no esparcí y cosecho donde no siembro ¿por qué pues, no lo entregaste al banco para que tan siquiera me hubieses entregado el dinero con los intereses? ´´* Y le dijo aún: *´´apártate de mí´´.* Luego llamo a sus servidores y les ordeno: *´´quitadle el talento al que no lo produjo,* **y dadlo al que produjo diez´´;** *porque al que tiene* (esto es: disciplina, administración, desarrolla la habilidad para producir dinero u otra habilidad) ***más se le dará;*** *y al que no tiene* (no desarrolla la habilidad para producir dinero, lo malgasta en cosas improductivas, no hace nada) *aun* **lo que tiene** *le será* **quitado** *y dado a otros.* Y criados le echaron.

¡Que fascinante historia! ¿Verdad? Y lo mejor de todo: es real. Y me encanta muchísimo esta historia porque nos dice lo que exactamente tenemos que ser y hacer respecto al dinero u otro talento que nos haya sido dado. Más claro no canto un gallo. Si tú, que te haces llamar cristiano, vives como pobre, perdóname, pero cometes un error; solo fijase en las calles de oro de tu Dios y sus mares de cristal. Pero lo que sí está claro, es que quienes saben administrar su dinero tendrán más y serán RICOS; pero quienes no lo hacen, vivirán pobres.

Una noche, en una sesión de enseñanza, al escuchar los presentes esta historia dijeron: *´´¿Ósea que los ricos tendrán más dinero porque saben administrarlo mejor y entienden que no solo es para gastarlo?´´* –dijo un joven–. Otro hablo con tono triste y dijo: *´´vaya, ¿Cómo puede Dios quitarle al que no quiso multiplicar su dinero y aun, le quito todo lo que tenía y lo dio al que lo multiplico por diez? ´´*.

¿Sabe? Hay gente que cree que el dinero es un juego de azar. El dinero ahora, es la misma vida. ¿Puedes comprar algo sin dinero? lo único que no, es una vida en el mas allá. Mientras aquellos jóvenes reflexionaban, el resto callaron ante las irrefutables respuestas. Pero después de un momento, una joven irrumpió el silencio y dijo: *´´¿Entonces el rico representa a Dios y los obreros o criados, los empleados, son los administradores a quienes por esa labor, les es entregado confianza sobre el manejo* *del dinero y riquezas? ´´.* –Silencio en la fogata-

Nuestro universo fue creado por leyes universales y absolutamente **todo** es regido por una ley. En cuanto al tema del dinero existe esa ley: gasta lo que tienes, **no tendrás nada**; adminístralo **controladamente,** y **tendrás más riqueza**.

Las leyes fundamentales del dinero son asi de tajantes: *todo lo que siembras, cosechas.* Haga producir su dinero y tendrá más dinero; con lo que podrá disminuir toda preocupación. Los pensamientos del rico tienden a la diligencia. Los pensamientos del pobre –muchas veces– tienden a la pereza y a la negligencia.

No hay puntos medios en este asunto apreciado lector. **O se es rico o se es pobre**; como diría el profeta Jesús: ***´´o eres caliente o eres helado, pero no tibio´´.***

Por ello enfatizamos en los conceptos de: **miseria, pobreza y riqueza**, para poder identificar donde nos encontramos, y decidir correr tras el **triángulo financiero correcto** donde está la abundancia, la paz y la tranquilidad.

Pero un verdadero gurú de las finanzas personales, no sale por la puerta de atrás para evitar pagarle a quien corresponde (como lo ha hecho reiteradas ocasiones el Sr. Kiyosaki) declarándose en quiebra, para no pagarle a sus empleados. Muchas veces nos sentamos sobre arena y no sobre rocas solidas; asi mismo a quien le confiamos nuestra mente y le dejamos influir en nuestra vida. Un verdadero empresario sale por la puerta de enfrente con la cabeza en alto, sintiéndose honesto (no un ladrón como aquel), porque cumple con disposición sus responsabilidades (porque entiende que es pobreza y riqueza). Pero alguien que sale por la puerta de atrás como ladrón ¿Cómo puede enseñarnos a ser ricos? Pero esos, tarde o temprano, a la larga, lo pagaran muy caro, y hasta con creces. Porque allá arriba hay leyes.

Sincerarnos, disponernos, **no** auto engañarnos y aceptar que debemos cambiar, renunciar a los deseos emocionales temporales, sacrificarse, pagar el precio, disciplinarse, identificar donde nos encontramos en el **triángulo económico de la vida** y adquirir el conocimiento correcto, son la mezcla perfecta, poderosa y sólida, para edificar finanzas sanas y duraderas.

Dispóngase cada día, mantenerse alejado de la pobreza; la pobreza que en realidad se genera en la mente.

Esfuerzo, valentía: dejar la cobardía

Solamente esfuérzate y se muy valiente…. Mira que te mando te esfuerces y ***seas valiente;*** *no temas ni desmayes, Porque El Creador estará contigo donde quiera que vayas.*
—Del libro La biblia.

Si alguna vez ha leído esta historia, sabrá que no fue una situación fácil la que tuvo que enfrentar el personaje del cual vamos hablar: **Josué**, si, el Josué del libro La Biblia. Prepárate para aprender de este fascinante líder.

Ser líder, dirigente, jefe, o servidor (en sentido espiritual y terrenal) suena bonito porque piensa que todos le obedecerán, y, a decir verdad, es agradable y hermoso ser respetado, dar órdenes, que nos sigan, y nos tengan admiración y respeto, pero no siempre es así y no es lo que parece: va más allá de eso.

El liderazgo ha cambiado tanto en los últimos años y ya no es como antes. Ahora es un concepto más autoritario y no es el de: **ser un buen ejemplo y servir a otros**.

En los negocios para ser exitoso, debe concentrarse en sus empleados y clientes antes que en usted, cuando lo hace, ejerce un liderazgo correcto, ameno y productivo.

Desde el gobierno hasta la iglesia, desde el empleo hasta el hogar, **todos** quieren adueñarse **de lo que no es suyo**. Bien lo dijo Jesús:

"Los gobernantes de las naciones se enseñorean de ellas, como si fueran de su propiedad, más entre ustedes no será así".

Parece que vivimos en la era del ´´**yo**´´ y del individualismo sin cooperación, de la autosuficiencia y del **yo me sirvo antes que servir a los demás**. Los negocios no escapan a esa plaga.

El liderazgo humano y efectivo, es aquel en que consiste sobre la base del respeto.

En los negocios el éxito <u>no está en buscar mi propio bienestar</u>, **sino el de mis colaboradores y clientes**. Por último, me quedo yo. Y no es que se esté menospreciando: **lo que pasa es que todo posee su orden.**

A Josué se le dio la enorme tarea de dirigir a un pueblo complicado y difícil, e introducirlo a la tierra prometida que Dios había jurado darles (la Canaán actual: Israel) y la que tambien es sinónimo de prosperidad, riquezas y dinero; más ahora que se ha convertido la segunda nación Silicon Valley en tecnología.

Este pueblo que días antes había desafiado y causado severos problemas a su antiguo líder, Moisés, y al punto de que su Dios quería desaparecerlos de la faz de la tierra, veamos la la historia.

"Antes de entrar a conquistar la tierra prometida, enviaron a un grupo de personas a **identificar y reconocer** la tierra **para saber a qué se enfrentaban.**

Ocho de ellos dijeron: *"No, no podemos, hay gigantes en la tierra"*; y dejándose llevar por sus miedos imaginarios, estos no lo lograron. Pero dos, dos de ellos dijeron: ***"si, si se puede"***.

Luego que regresaron de haber inspeccionado la tierra habiendo discutido entre ellos y saber a qué se enfrentaban, lo primero que declararon en su informe al llegar, fue de que habían visto muchos gigantes y exclamaron: *"nos sentíamos como langostas delante de ellos y sentimos un gran temor"*.

Con que facilidad la mayoría de personas pueden fracasar **sin haber fracasado en realidad** ¿verdad? Su imaginación les traicionó.

Aquellos ocho dijeron que no se podía y al final **no pudieron** (¡el poder de las palabras!). Pero los dos que **dijeron que si se podía, al final entraron a la tierra de riquezas** (dinero y paz interpersonal) y lo gozaron a lo grande.

Fracasar o lograr el éxito, dependen mucho de nuestras **creencias y la confesión de nuestras palabras.** Al escuchar a personas **diciendo** que no se puede, descubro mucho miedo y baja autoestima, sé que no podrán. Al escuchar a personas decir: si se puede, veo una mente abierta súper dispuesta a las oportunidades y gran posibilidad de alcanzar el éxito financiero.

Querer ser ricos no es de cobardes. Repito: **querer ser ricos no es de cobardes**; tampoco lo es querer dejar la pobreza y renunciar aquellos ridículos pensamientos de aparente riqueza como: *´´el dinero es la raíz de todos los males´´, el dinero es basura´´*, etcétera. Se requiere valentía, no prestar atención a tales limitaciones, y, **pensar** en que si se puede con sabiduría.

Vendrán muchos diciéndole que tiene locura, porque la idea que ellos tienen sobre riqueza y dinero no es la correcta y muy escasa. Usted los escuchará y los entenderá, pero continuará con su locura **de ser libre** de las preocupaciones en torno al dinero y muy **ser** rico en dinero y paz para siempre.

Una visión

Aquellos dos que creyeron decididamente ser valientes, esforzarse y hacer a un lado su cobardía, tuvieron ***visión***. No solo se dejaron llevar por su creencia positiva, sino que a pesar de luchar contra las ideas gigantescas imaginarias negativas de sus amigos, **pasaron a la accion**.

Cuando nos enfrentamos a ciertas situaciones, vamos e identificamos a que nos enfrentamos.

El error tentador que podemos cometer al identificar, es poner la mirada en lo **negativo en vez de lo positivo.** Lo negativo es un principio de pobreza. Lo positivo acompañado de conciencia, convicción y fe, nos vuelve fuertes, valientes, atrevidos, y nos ayuda construir y sostener riquezas por siempre a todo nivel.

Prepararnos para vivir en riqueza sin antes despedirnos de los viejos pensamientos sobre del dinero como, **la tentación a la imaginación negativa**, claramente nos aleja de lo que se considera correcto para serlo y se hunde más en la pobreza.

Despida la pobreza de su vida,
Y empiece desde allí a ser su propio jefe.
—Moises Emanú.

Abra los ojos de su entendimiento. En mi caso repetidas veces me pasó. Había caído en el error de centrar mi mente en el problema y no encontraba la solución. Notaba que no estaba dispuesto a resolver el problema y así se agravaba más y más el asunto.

Cuando centramos nuestra mente en el problema, nos predisponemos **a no** encontrar la solución. Cuando vamos en busca de algo, **tiene que estar conscientes de que hay un precio**

que pagar. No solo querer lograr lo que me propongo, sino también **querer pagar el precio**. Sé que no suena alentador. Pero nada es gratis en este mundo. **Aún** para recibir lo que nos regalan, debemos movernos. Todo requiere un esfuerzo. En todo se paga un precio.
No hay cosa más trágica que la de tener que lidiar con gente pesimista, negativa, murmuradora, como la que estaba alrededor del líder Josué. Aunque si lo vemos de un modo innovador, es una muy buena oportunidad **para obtener un buen desarrollo personal**: desarrollo de la capacidad para saber tratar a las personas. No tenemos que ser pesimistas y tóxicos. Aprendemos a tratar con ellos, y, sobre todo, cuando son las personas con quien esperamos contar. Difícil, y a la vez muy bueno.

Josué recordaba las palabras de su mentor rico, Moises, que le dijo: ***´´solamente esfuérzate y se muy valiente´´.***

Solo eso y nada más. Quién dijo que es facil ¿no? Tiene nuestro carácter que ser ***confrontado***, incomodado de la zona de confort, para fundamentarnos correctamente en los verdaderos principios de la riqueza y lograrlo.

Pero los cobardes e incrédulos....
No heredaran el reino (las riquezas).
—La biblia.

¿Has visto a un millonario cobarde e incrédulo? Nooo, **no lo hay.** Y lo más increíble del tema es, que la mayoría no son cristianos de la religión de Jesús. ¿Por qué? ¿Porque estos y no aquellos? Mi amigo, este tema no se trata de religiosos ni de quien pasa orando y ayunando: la parábola de los talentos lo dijo claro.

Y ¿Ha visto a un exitoso (a) lamentándose y con miedo? Absolutamente no. **Todos creyeron en algo y lo alcanzaron.** Y no es que no hayamos tenido miedo, es que reducimos al menor grado los riesgos y con miedo accionamos; de manera que hemos sido **90 por ciento valientes** y **10 por ciento con temor**; porque el miedo estará allí y a veces es tan necesario.

No son los cobardes e incrédulos los que logran las riquezas verdaderas. No son los perezosos e incrédulos los que se enriquecen: Son aquellos que **sin ver creen y con valentía lo hacen,** aunque les llamen ´´locos´´. Yo no creo en la vaga idea de que lo ricos son personas que se lo pasan luciéndose y jactándose de lo que tienen. No creo que exista tanta bobería.

Por cierto un amigo millonario se lo pasaba haciendo eso delante de sus amigos y a los dias su hija apareció con un gran problema en el corazón que casi lo dejo pobre. Tú decides ser sabio y humilde o ser bobamente tonto. No lo crees, está bien; quieres convencerte, haz la prueba. Como resultado de esas ideas erróneas de: *"quiero enriquecerme para no trabajar más´´*, *´´quiero volverme rico rápido´´* o *´´no me importa de qué modo, pero quiero serlo´´*, no nos damos cuenta que activamos fuerzas poderosas ocultas que nos perjudican y condenan nuestra economia al caos: se vuelve un dinero maldito; y ya sabes lo que sucede con eso.

Los millonarios son las personas más apasionadas con sus vidas e humildemente inteligentes. Aman lo que hacen porque saben que es para ellos.

Los ricos nunca dejan de trabajar. Disminuyen sus horas laborales de 4 ó 5 horas, y otros mucho más. Su empresa es como su casa.

Con el avance de la tecnología puedo supervisarlo todo desde cualquier lugar. ¿Quiere poseer riquezas? **Nunca dejara de trabajar**. Trabaje, pero hágalo **con un plan**. Hágalo con inteligencia.

Poseer riquezas, es de cada día desarrollar el hábito **de decidir cuánto quiero trabajar y**

y gastar conscientemente. Si, asi es esto. Solo los valientes, los que creen, los esforzados, los trabajadores inteligentes, los visionarios, los que actúan, ***son quienes tienen las garantías de lograr éxito interpersonal financiero*:** **ser muy ricos en TODO.** Los cobardes, los miedosos e incrédulos, son quienes difícilmente alcanzan sus metas, y, peor aún, tener riquezas.

Puedes intentar quedarse donde está hoy, **o decidir arriesgarse y ver los enormes beneficios del dinero;** al final usted decide.

Para mí, no tiene sentido permanecer en un lugar que no lleva a ningún lugar. No tiene sentido una vida sin riesgos no es emocionante. Y no tener valentía y quedarse en el lugar del miedo, no creer, y quedarse a cuidar un empleo al borde del colapso familiar para vivir igual, es una tontería. **Reinventarse es la clave para el éxito financiero**. No tiene sentido crear una empresa para después fracasar –por ejemplo–. Por eso le aconsejo **ser diferente**, no común.

El perezoso desea y nada alcanza.
–Proverbio antiguo.

Por supuesto el perezoso alcanza nada porque es perezoso. Pero **el diligente todo lo alcanza** porque trabaja de forma inteligente.

Esto es de valientes, de gente **osada**; aunque algunos con miedo lo hacen, pero son dignos de admiración y respeto, porque se atreven, y se aventuran y lo logran.

No conocemos a un rico cobarde y miedoso. De hecho, no lo hay. Y no es porque tuvieron suerte: ellos provocaron esa suerte. Si, las emociones nos dirigen, probablemente vamos al fracaso seguro.

Cuando las emociones y el dinero hacen el amor, son como el gato y la gata: se lo pasan pleitos, en pleitos mentales.

Las emociones son buenas hasta cierto grado, y la consciencia es su termómetro regulador. Sea consciente.

La vida llena de **convicciones** y no tanto de emociones, **es muy poderosa** y el **éxito es inevitable**. Exito es 90% convicción y 10% emoción. La emoción solo es necesaria porque funciona como ingrediente motivador no podemos deshacernos de ella, está en nosotros, pero este asunto es más de convicción. Y la convicción toma el control.

Levántate porque esta es tu obligación…
Esfuérzate y pon manos a la obra.
–La biblia.

Mi obligación

Ese dicho bíblico y antiguo, sí que penetra mis huesos hasta confrontarme. Está claro: **no se trata de emoción**, es **un asunto de creencias y accion, y ver la obligación como un beneficio.**

No es que, si queremos o lo sentimos hacer, es que estamos maravillosamente obligados. ¿No le parece grandioso estar maravillosamente obligados, lo había visto asi?

Realmente es un enorme beneficio estar obligados a levantarnos. Sentimos ganas nuevamente de seguir adelante, de intentarlo hasta lograr. Aquí es donde el carácter de nuevo es formado y obligado a lograr el triunfo: **donde verdaderamente recibimos formación financiera.**

Sentirnos obligados a lograr lo que queremos, es una cosa que no habíamos sentido antes; **es ahora una cosa maravillosa y un beneficio enorme.** Cuando nos levantamos por las mañanas para ir al trabajo, no lo hacemos porque lo sentimos ¿verdad? **Es una obligación.** Del mismo modo estamos obligados a tener el éxito financiero, si lo queremos.

Es bueno sentirnos **obligados a triunfar** y no seguir siendo pobres.

La mejor forma de eliminar el agotamiento y el estrés producido por el exceso de trabajo, es haciendo algo que nos guste, nos apasione, que nos **obligue** a triunfar.

Puedo amanecer escribiendo mis libros porque es lo que me apasiona. Aún más cuando se trata de poder contribuir con ideas innovadoras para su bienestar económico y el desarrollo interpersonal: es una cosa **¡fantástica!** Oblíguese hoy. **Comience ya**. Haga algo mental o físico que le ayude a lograr su meta ahora. Somos productivos cuando realizamos aquello que nos deleita y todo lo administramos mejor.

Realizar lo que soñamos y de a poco en nuestros tiempos libres, es una buena forma e inteligente de lograr más riqueza y la verdadera; lograr abundancia de paz, ser generosos y libertad en todo.

El esfuerzo y la valentía es un aire que debemos **inhalar** −por decirlo de un modo poético−. Respire en sus momentos de prueba y de crisis. Practíquelo, y vera cuan relajado se siente. Esa relación, es la que nos ayuda a poner en rojo decisiones apresuradas y alcanzar buen éxito. La cobardía, el miedo, la flojera en el trabajo, y las excusas, son aire que andamos dentro y podemos recibir afuera, **y debemos exhalar.**

Cuando un pensamiento de esos viene a mi mente, rápidamente exhalo el aire de ese pensamiento, asi no me dejo influenciar; asi lo rechazo. Notara el desarrollo del hábito de la consciencia y estará más alerta de lo que pasa su mente, y tomara el control absoluto e se encaminara hacia el cumplimiento de su meta: una vida sin preocupaciones por cuestión de dinero y la realización de otros sueños que requieren dinero; absoluta abundancia de paz interna y libertad.

Termino este capítulo con la siguiente frase: "**Estoy obligado a levantarme, esforzar, y ser valiente, me guste o no.** Me comprendo, es mi beneficio. No es que lo sienta o quiero, **es que necesito y debo.** Estoy obligado a lograrlo y lo hare".

Tenga determinación

El hombre de doble ánimo es inconstante en todos sus caminos. —Proverbio antiguo.

La palabra determinado significa: **DECIDIDO (a), que no hay vuelta atrás, que no hay vuelta de hoja, ni para atrás, ni para ´´coger´´ impulso.** Usted dice: ***"Esto es lo que haré y nada ni nadie me detendrá´´.*** Eso es ser determinado.

Vacilar, batallar con dos pensamientos a la ves en nuestra mente, frustra todos nuestros intentos de lograr riqueza. Si, la vacilación impide lograr riquezas sanas y duraderas. Ser indecisos perjudica nuestra salud mental, física y nuestro propósito de lograr libertad financiera y paz personal.

Existen estudios clínicos que demuestran, que **vacilar** es clave para causar problemas cerebrales, paros cardiacos y en algunas veces, enfermedades de carácter cancerígeno, hasta la muerte. **Pues es asi de serio**. Por eso cuando le decía sobre de que, tratar de dinero, es tratar de nuestra propia vida. Quiérase o no, todos estamos sujetos a este sistema financiero. La diferencia es que, algunos lo prefieren en modo libertad y otros en modo esclavitud.

Un buen si o un buen no, nos ayudan a ser determinantes en todo lo que hacemos y afirma nuestro carácter; desarrollar ese hábito es muy beneficioso; o existen puntos grises en este asunto. O blanco o **negro**.

Es un principio de pobreza y a la vez un mal hábito, postergar las cosas para otro tiempo o día cuando tenemos ese momento preciso de oportunidad hacerlo: procrastinar o dejarlo para mañana, nos vuelve indecisos y construye la indeterminación.

La Disciplina

¿Qué tiene que ver la disciplina?

Cuando adquirimos el hábito de ser fríos o calientes, ósea ser decididos, la disciplina se hace presente, mas facil de desarrollar. Sin darnos cuenta, vemos que estamos desarrollando este elemento esencial para nuestro anhelado propósito financiero. Cuando aquello que realizamos es algo que nos gusta y apasiona hacer, la determinación y la disciplina se complementan **con naturalidad**, hacen su jugada maestra, y nos ayudan a lograr **lo que queremos**. La disciplina es la actitud constante en algo, ser aplicado, dedicado, devoto, apasionado, lleva a la determinación. Para eso debemos encontrar aquello que nos gusta hacer;

encontrar nuestra vocación. No tienes que estar luchando con hacer repetidas acciones o programación neurolingüística, porque lo adquiere con naturalidad sin casi esfuerzo porque ha encontrado lo que le apasiona. No hay mejor forma que esa; cuando aquello que realizamos es algo que nos gusta y deleita hacer, la determinación y la disciplina se complementan **con naturalidad** y nos ayudan a lograr nuestra meta fácilmente.
¿Qué sucede cuando hacemos aquello NO nos deleita? Nuestro rendimiento baja en aquella actividad y podemos terminamos frustrados, estresados, sin esperanzas; aquello no tiene sabor (mental) y nos aburrimos rápidamente y no hay satisfacción: nos toca entrenar nuestro cerebro robóticamente para que realice aquello, lo cual, resulta un verdadero trauma. Pero cuando encontramos nuestra vocación, **nada es difícil**, porque el deleite por lo que nos encanta hacer, nos predispone a ser disciplinados; la disciplina y la determinación surge naturalmente a raíz de nuestra vocación.

Una de las causas principales en el aumento de pobreza, es por el tipo **información** que recibimos en el entorno (en su gran mayoría confuso) porque realizamos aquello que NO nos

nos gusta hacer. En mi vida personal luche con esto. Mi indisciplina me llevo (en el pasado) a **nada**; siempre a un vacilar. Realmente era frustrante ahora que lo pienso porque el estrés se agobiaba, la desesperación, la desesperanza, el desaliento, el desánimo hacía su ´´fraca-show´´ y se deleitaban presentándome imágenes de fracaso. Luego de esas experiencias, ahora, aprendí la lección: desarrolle la disciplina en la determinación de seguir mi sueño, ser paciente, y me encanta lo que hago, y, se siente una cosa hermosa, una experiencia formidable.

La Convicción

Y ahora ¿Qué con esto? Sencillamente te vuelves una persona poderosa en fe. Resulta que la convicción y la fe se unen a la fiesta en busca de la felicidad financiera. Sí, es producto de la determinación y viceversa; actúan como hermanas gemelas.

Cuando eres determinado, te vuelves objetivo y definido, y la fe (la convicción) te empodera. De hecho, estoy suma mente convencido que es difícil persuadir a otros, si antes yo estarlo ¿me dejo entender? Si no tuviese la convicción de escribir estas líneas, no lo hubiera hecho: poderosa la convicción ¿no?, y entonces, tampoco tuviera la promesa de que lograras tus

Sueño financiero con este libro. De otro modo, yo, no lo estuviera logrando. Si no tuviera la certeza de que lo que digo es de buen valor y le producirá resultados abrumadoramente exitosos, no lo hubiera hecho. Pero sabes qué y aunque te parezca a tu modo: **el creador me dijo que tú lo lograras.**

Esto me lleva a recordar el siguiente pasaje de la sabiduría bíblica: *´´Ninguno que poniendo sus manos en el arado mirando hacia atrás, es apto al reino de Dios´´*. Cada razon tiene su resultado, y cada causa su efecto. Todo se conecta. Una vez inicie la aventura, pero ve hacia atrás, no eres apto ni merecedor de las riquezas de acá ni de allá. Una vez hayamos iniciado el camino, no debemos volver atrás ¿lo recuerda? Nos vuelve indecisos, como si le dijéramos al éxito financiero: *´´oye, espera un poco´´*. Si ha iniciado su proceso de salir de la pobreza y la miseria, e ir hacia la riqueza, hágalo, y hágalo bien; persuádase de hacerlo, oblíguese de hacerlo **y lógrelo.** Si da un paso atrás, es que realmente no tenía la convicción sin determinación. Es importante que de verdad y sinceramente estemos conscientes de cada acto de nuestra vida, y NO nos mentirnos. **Conocerse a sí, le ayudará en gran manera.**

La convicción es productora de las mejores decisiones en cada área de nuestra vida.

Productora de bienestar, de acuerdo con la información que poseemos y si es correcta.

Visión

Y ahora: la visión.
La determinación hace que veamos un punto al final del camino donde llegar: eso es visión.

Visión es la capacidad de ver en nuestra mente los objetivos que queremos lograr. No pasan en la realidad sin antes pasar por nuestra mente; sino lo crees en tu mente, no lo creerás en la realidad aunque te muestren el fajo de billetes. Asi de bravo es esto y de increíble. Es la capacidad de **crear cosas que aún no existen. Por eso es genial. Genial soñar despierto, eso es tambien visión. Impulsa, motiva, inspira, y nos vuelve determinados como el búfalo dispuestos a dar de frente con nuestros dineros.**

Un ejemplazo clásico de todos los tiempos, es del creador de Apple. Tuvo la visión en su mente de crear un mercado de computadoras para el hogar y la oficina **que aún no existía.** ¡No le parece recontra fantástico! Jejeje.

Mi visión al escribir este libro, es darte las herramientas en forma de conocimientos para logre su propósito de riqueza. ¿Cuáles son tus expectativas? ¿Qué quieres lograr?

¿Hacia dónde apunta nuestra nariz? **Visión es determinación.**

"Nuestra mente crea a diario."
—Moisés Emanú.

Misión
Vamos a movernos ahora al siguiente capítulo y avancemos a más cerca del propósito.

Escuche consejos

***Oirá** el sabio y aumentará el saber, y el **entendido** adquirirá consejo.* —Proverbios judío.

Recuerdo cierta ocasión durante una temporada muy buena de trabajo exitoso y prosperidad, tiempos en que todo es bonanza y las cosas van bien, la empresa para la que trabajaba, se escuchaban rumores de que estaba en quiebra.

Algunos de mis compañeros de área decidieron renunciar. Luego en los siguientes días comencé a sentirme presionado por la situación y pues, se me ocurrió la loca idea de renunciar. Aun conociendo la posibilidad de perder todos mis derechos: ignorante yo de lo que se me avecinaba.

De pronto y al cabo de dias, luego meses y años, me encontraba en una brava **encrucijada financiera**, y nada solucionaba. Fue una de las decisiones más tontas de vida (en parte) que casi me cuesta la vida. Recuerdo haberle pedido al creador: *´´Si vas a tenerme así, mejor llévame, quítame la vida´´*. Asi de grave era el asunto. Así de *´´chingado´´* estaba mi situación financiera, y, así de *´´jodido´´* estaba yo, que culpaba al creador del universo mis malas decisiones. Como las ves.

Lo culpaba a Él de mis malas decisiones y el que decidió renunciar a su única fuente de ingresos y su economía, era yo; asi es como justificamos toda clase de indicativos falsos al dinero y terminamos diciendo: ´´es la raíz de todos….bla, bla, bla´´. Patrañas nuestras; e ignorancia.

Imagínenos a Dios rascarse sus cabellos de oro como diciendo: ´´*Que muchacho este, que le pasa*´´. Pero al final el creador de tan bueno que es, me ayudo a salir de aquel problema y hoy vivo para contarlo y ayudarte a ti.

El caso fue que dias antes de ejecutar aquella decisión ridícula, acudí a un buen amigo una persona de principios cristianos avanzado en edad experimentado en la vida y le comenté de la situación que me pasaba. El, muy prudente me dijo: ´´*Mire Moisés, no renuncie; mejor espere que lo despidan, asi usted lograra mucho más, pero no tome la decisión*´´. Y como alguien que escucha consejos, que en realidad en sus adentros **sabe** que no lo hará, como queriendo ´´engañar´´ a mi cerebro para justificar mi error, escuché el consejo y asentí con la cabeza diciendo que no renunciaría, pero ya había tomado mi decisión.

¿Te suena familiar? Justificamos nuestros errores acudiendo a un buen consejo para hacernos creer que haremos lo correcto, pero en verdad no lo hacemos: nos auto engañamos muy tontamente.

A veces hacemos cosas que sabemos son incorrectas, pero vamos a consultar a alguien para que nos den un buen consejo, pero en realidad lo hacemos para ´´quedar bien´´ ante los demas, y que nos vean como ´´prudentes y sabios´´: **Es autoengaño y autoflagelación financiera psicológica;** que pasa factura al final.

El principio de la sabiduría, es conocer cómo piensa un mayor.

—Proverbio antiguó.

Repetidas veces tomamos decisiones basados por la **presión e influencias** de los demás, sin definir nuestras propias conclusiones, sin recibir el buen consejo, sin saber en realidad lo que pasa. Muchas tragedias a lo largo de la historia humana han tenido lugar por un buen consejo pero mal intencionado. Desde la vida personal, hasta el gobierno, la religión, las finanzas, y la familia hasta la iglesia. Terribles situaciones han tenido lugar por la falta de un sabio consejo.

En ocasiones por honrar al ego, al orgullo, la soberbia, el volvernos "sabios en nuestra propia opinión", fracasamos sin considerar el pensamiento de los demás. La economía del ´´**yo**´´ es la causante de la constante pobreza.

Confiar en nuestra propia sabiduría sin escuchar lo que otros tienen que decir, en realidad, dejar escapar un grado valioso de conocimiento y sabiduría que puede **potenciar** nuestro ser personal y financiero para lograr mejores resultados en la búsqueda de nuestros propósitos con el dinero.

Siempre es bueno escuchar consejos y recibir sugerencias.
–Moisés Emanú.

Si de dinero se trata y queremos cambiar la vida, el consejo de expertos en temas financieros debemos escuchar, y, sobre todo, de aquellos que están donde queremos estar u de aquellos, que mientras se vuelven ricos, nos enseñan cómo serlo; es esencial e importante para obtener los mejores resultados económicos, pero más aún, la paz interior. Si te encuentras en una situación similar, estás pensando retirarse de la única fuente de ingresos, **deténgase**, espera. No lo hagas. Hazlo si, pero hasta haber realizado un **plan de acción previo**, que compense los días que no tendrás flujo de efectivo. Un activo es aquello que produce dinero con previa inversión realizada. Un pasivo es todo lo contrario: ´´saca´´ quita dinero de tu bolsa.

Un buen plan de acción podría ser: *utilizar sus ingresos generados por tu empleo y realizar inversión en aquello que genere otras fuentes de ingresos*; de ese modo, podrá asegurar su retiro.

Una buena forma de lograr libertad y felicidad financiera, es *tomando el control de nuestras emociones y en cada área de la vida.* **Si, el control es la clave.**

Los gastos –por ejemplo– **no deben** sobrepasar **a los ingresos**, esa es la regla de oro. Todo empieza con querer hacerlo y en realidad querer salir de la pobreza. Como decía mi abuela: *"El que no agarra consejos, no llega a viejo".*

En mi ruta a la riqueza (pues la ruta siempre se sigue) lo que realmente me ha ayudado a lograrlo, fue haber hecho **una lista** (presupuesto) de todo lo que provocaba la salida de mi dinero. En ello, aprendí y desarrollé dos cosas: **la organización y el orden**.

Verifique si en realidad era necesario haber realizado dicho gasto y separe entre lo que era una ***necesidad*** y entre lo que era un **deseo**. De esa manera, fui controlando y liberándome de la presión y el caos que vivía, Estaba al borde de la bancarrota (y de la miseria) y logre obtener mi felicidad financiera y mi paz interior. Al final el flujo de efectivo que recuperé, fue impresionante.

Hoy día al hablar de dinero muchos no hablan de paz financiera y de la **importancia de tener abundancia de tiempo y estar con la familia**; que, para mí, son los elementos más importantes y el punto neurálgico de este libro; la fuente esencial, **necesaria** para la generación de verdadera riqueza. Si tu enfoque al momento de hacer dinero no conlleva a la paz interior y la felicidad personal en todos sus aspectos, pues a quienes sigues como ejemplos, no sirven y le aseguro: no podrá disfrutar de la vida soñada a plenitud. Por suerte gracias a este libro, obtienes un conocimiento confrontativo y sincero.

Todo dependerá de nuestro **deseo de vivir en la abundancia de tranquilidad de nuestro ser y con los demas**. La base fundamental para volvernos ricos, se haya en la posesión de **la riqueza espiritual**. Sin ella, solo se está viviendo una moda que pronto pasara.

En el pasado se nos enseñó que el dinero se hizo para gastarlo y que todo lo demás es producible pero menos el dinero. Aún recuerdo que de niño gastaba cada peso que se me daba porque nunca me enseñaron el hábito del ahorro para la inversión.

El problema radica desde el vientre de la madre hasta él bebe. Mamá cada vez que se le antoja algo comer comía, y desde allí el conocimiento errado y transmitido por el cordón umbilical de gastar el dinero aunque te parezca increíble. Por eso el rico NO nace, SE HACE.

Casi todo lo que poseemos lo hemos adquirido a través de la deuda y no digo que sea malo, el problema es que es una ruta asi es demasiado tediosa, estresante, preocupante, afligida, con muy pocas probabilidades de triunfar y mucho de perder. No juzgo lo entiendo, pues yo lo hice.

Lo que trato de decirte, es que hay un medio mucho **más efectivo** con **menos estrés**, más seguro, y enorme garantía de lograr el éxito.

Este método es a través de la comprensión del tema del dinero, la disciplina, la organización, el orden y la aplicación, impulsado por el deseo de libertad de tiempo y paz interior. Gracias a mi experiencia de vida y a los fracasos que he soportado, puedo con propiedad y libertad enseñarte dos conceptos revolucionarios a cerca de la deuda; comprenderlos y dominarlos, lograra resultados increíbles:

A. **Deuda emocional:** Se adquiere para financiar actividades pasivas, es decir, que nos quitan dinero. Ejemplos: *artículos para el hogar, un vehículo, la novia* (lo digo yo) *una casa, etc.* Por lo general tiene que ver con **deseos y placeres temporales,** y, algunos obligatorios necesarios.

B. **Deuda inteligente**: Se adquiere con el fin de financiar proyectos **que generan** fuentes de **ingresos o activos**, dinero en constante movimientos. Ejemplos: *Comprar tu carro para que le lleve al trabajo o negocio, comprar su vehículo para ponerlo a trabajar en taxi VIP tipo Uber, Comprar su casa y parte de ella convierte en apartamentos de alquiler, etc.* La regla es simple: *convertir un pasivo en activo, una deuda en un vehículo que me de dinero,* y, por lo general, dicha deuda –por asi decirlo– pagarse por sí sola.

Como ha leído, notara la diferencia. Analice el tipo de deuda que posee hoy. Luego entenderá porque le cuesta salir de ellas y no poder prosperar. Obvio, si las adquiere haciéndole caso al banco: ´´Tu préstamo personal para irte de vacaciones", seguro al regresar lo lamentara. Empiece a reorganizar su vida y tu dinero. Y cuando hablábamos del **Triángulo Económico de la Vida (TEV)**, aprendimos la importancia de entender el esquema del dinero, lenguaje y campo de juego.

A dónde terminamos y una fuente rentable
Me comprometí en varias ocasiones con deudas, y, como no sabía todo este asunto del dinero con certero conocimiento y sus diferentes funciones, me quedaba sin él y más ´´quebrado´´ que mandado hacer. Cuando decidí tomar el ´´toro financiero por los cuernos´´, comencé a ver mis fallas y empecé a corregir mis horrores y sanarme. Ahora que he salido de la crisis y la pobreza, aprendí y sigo aprendiendo que puedo hacer que los bancos me vuelvan rico; ¡es emocionante! Jejeje.

Cuando se adquieren los conocimientos correctos acerca del dinero, se decide sabiamente y la vida cambia; somos más conscientes de los compromisos financieros adquiridos. Las deudas, sean buenas o malas, se empieza a ver con un panorama totalmente distinto. Y una de las cosas más encantadoras que nos provee el dinero, **es la abundancia de paz, tranquilidad y seguridad de un mejor futuro.** Lo diré de esta forma: *No te preocupas a la hora de realizar cualquier actividad de tu vida entorno al dinero, porque lo tienes, asi de despreocupante es esto.* Y es por eso que se escribió esta guía. Guía que tiene como finalidad, dos pilares principales:

1. **Darle las herramientas en forma de**

conocimiento.

2. **Producir dinero para producir paz y tranquilidad, no más preocupación por esto: una vida más facil.**

Y una de las mejores fuentes rentables de generación de ingresos en el planeta, está en nosotros: **nuestra mente. Asi eres tú la clave y el secreto para hacer dinero.** Ya tienes ahora, el conocimiento para hacerlo. Invertir en esa clave, te hará ser exitoso (a), con efectos eternos.

Muchos hablan de dinero, pero yo le hablo de lo que en verdad y en esencia produce dinero.
–Moisés Emanú.

Muy **claro:** que el dinero no lo es todo. Pero a mí me produjo mucha felicidad y paz y el logro de muchas metas. ¡Que poderoso el solo hecho de comprender este tema con el conocimiento correcto sin engaño! ¿Cierto?
Atended el consejo y sed sabios, y no lo menospreciéis.–Un sabio llamado Salomón.

Sea paciente

Mirad como el campesino espera el precioso fruto de la tierra, aguardando con paciencia, hasta que reciba la lluvia temprana y la tardía. —Parábola del labrador.

Talvez en este momento este dando suspiros como yo lo hice, porque sabe lo que implica tener paciencia. Lo sé, no es facil. Pero ¿quién dijo que el éxito es facil? Suspiros de esos como quien dice: ´´*¿Y todavía más?* ´´. Pues le diré que sí. Más de lo que ya hemos esperado. Pero piense por un momento en la paciencia que ha tenido y si ya lo hizo, haga cuenta y caso que no falta mucho. Si ya espero mucho ¡cuanto más lo menos! No se rinda.

Este tema es uno de los más tremendos de enseñar, duros, difíciles de tratar y cruzar en la vida. No solo al momento de mejorar nuestra economia, sino absolutamente en todo. Porque vivimos en una cultura donde todo lo que buscamos lo queremos **ahora, ya, rápido** ¿lo notó?

Se puede ser todo lo que quiera y alcanzar toda cosa, pero al momento de esperar el asunto se ponen **´´color de hormiga´´.** Nada se obtiene de la noche a la mañana y todo lo que se quiere debajo del sol tiene su tiempo, hora y su precio. Créame, se lo que se siente estar en el tiempo de la paciencia. Sentir que no avanzas y es necesario desarrollar –y descubrir– la capacidad de identificar y vivir el tiempo que os ha tocado. Lo peor es que no todos a su alrededor, pueden comprender tu tiempo. Tu familia quiere ver resultados para disfrutarlo. Los amigos tambien quieren verlo porque han visto la meta en la que se encuentra. Porque no ven ni viven el mismo proceso.

El momento justo para afirmar nuestro carácter, desarrollar fuerzas de la flaqueza y callar –sabiamente– esas voces, decirles que si lo vas a lograr y que, si no contribuyen (al menos con motivación) no esperen ser favorecidos. Porque uno merece cosechar lo sembró, pero y sino siembra ¿Qué?

El CEO de Apple, Steve Jobs, sin ni siquiera existir un mercado de computadoras personales para el hogar y los negocios, **lo creo.** El Sr. Bill Gate, vio un mercado tecnológico de software que no existía y **lo creo**. Jesús, vio en su muerte la oportunidad de salvar a todo el mundo con su sacrificio, y **lo creo.** Dos genios tecnológicos sumamente brillantes de nuestra humanidad y uno que, solo quiso conseguir el perdón de su padre para los pecadores.

¿Qué poseían estos hombres para lograr ser lo son hoy? Tan solo dos cosas.

1. **Fe.**
2. **Reconocer** –identificar el momento y actuar–.

¿Por qué fe?
Porque fe es el agua que nos quita la sed de la impaciencia y nos ayuda esperar. Sin fe, es imposible tener paciencia.

Fe:
Antes que nada estos hombres entendieron que no había límites para **creer**. Esta es la primera y esencial cualidad de **los ricos auténticos.** Lo segundo, como entendieron que no debía haber límites para creer, comprendieron que no debían sujetar su creencia a religión alguna. Y antes nada quiero aclararte algo acerca de la religión debes entender de una vez por todas. La fe NO ES religión, ES un estilo de vida. Porque luego me dirás: *´´Emanú ¿Cómo es que Dios le permite a no cristianos enriquecer y creyentes empobrecer?* Primero tienes que entender que quien empobrece, es por sus malas decisiones en cuento al dinero. En cambio los ricos es su principal misión: cuidar lo que se les confía. Asi que, esto no es cuestión de religión. Es de quien entienda esto tan facil: ´´Al Cesar lo que es del Cesar, y a Dios lo que es de

Dios´´. Deje ya de vivir una vida llena de mezcla y confusión. Deje ya de mezclar su religión con el dinero y adminístrelos como tal a cada cual. Y esa es la razon por la que prosperar no es asunto de religión, sino del que cree al universo –Dios–. Sé que algunos de mis antecesores y contemporáneos discreparan mucho de mi estudio; ellos son libres. Pero el sr. Bill Gates es gnóstico, una corriente de pensamiento **sin base** en ninguna deidad; ni tan siquiera es una religión; solo es un modo de pensar. Lo mismo a Steve Jobs con el budaismo; que, al parecer su muerte, estuvo relacionada a un problema genético de carácter hereditario y su viaje a la India por las erróneas enseñanzas de ´´gurús´´ de la nutrición sobre el vegetarismo. Ellos tuvieron paciencia.

No solo piense en lo sabroso de disfrutar los resultados, ese descanso en una playa paradisiaca con vista hacia el mar ¿lo imaginas? Sino tambien disfrute su proceso, y, el proceso se logra con paciencia.

Muchos pueden decirte como hacerse rico **pero no cuentan la parte esencial** –su ser–, **la formación, enmelándonos con el final, porque eso es lo vende; porque saben que el cerebro no compra realidades, sino emociones** (está comprobado científicamente).

Pero de ti dependerá si decide creer en un libro como este, que te llevan a vivir y lograr vuestra riqueza con bases comprobadas; o creer en otros que solo provocan sus emociones porque descubre lo que nosotros compramos; es su decisión; si imaginar vivirlo o vivirlo en realidad.

Así que la fe es precedida de la paciencia. Creer impulsa la esperanza de logros y provoca actuar. Fe, que desemboca en la determinación y la objetividad. La paciencia y la fe son dos poderosos **activos** necesarios que usted necesita para alcanzar la riqueza y la felicidad financiera. Pero sobre todo, no tener preocupaciones de ninguna índole y facilitarnos la vida. Y no me venga con el cuento de que usted no es de alguna religión para lograrlo. Usted ya conoce lo que es la verdad, la verdad de que no necesita pertenecer a religión alguna para creer. Y si esto no fuera cierto, entonces el creador del universo haría salir su sol solo para buenos, pudientes, etcétera., ¿lo comprende?

El creador del universo no inspiro a líderes religiosos que se lo pasan orando día y noche, y que se supone, tienen cercana relación con su Dios ¿Por qué? ¿No son sagaces? ¿Son débiles? Porque el universo y su creador, han querido —desde el año uno—, que entendamos que sus

sus leyes gravitacionales estan a favor todos, (lo mismo con la fe), y, lo mismo pasa con las leyes espirituales y físicas del dinero. No se trata de religión. Se trata de fe y paciencia; de que **todos** podemos desarrollar la capacidad de creer e inventar nuevas cosas para comprender que, no se trata de que unos tengan habilidades especiales y otros no.

¿Por qué nuestros países de Hispanoamérica les dificultan prosperar? Porque sus raíces son egolátricas e incrédulas. Le creen a los muertos que a los vivos; E impedimos, no solo ayudar a otros, sino evitar lograr nuestra prosperidad porque en la medida que ayudamos a los demas, desarrollamos **generosidad** (una cualidad esencial de ricos auténticos). Egolatría, porque ésta impide continuar aprendiendo y el aprendizaje es clave para alcanzar nuestra prosperidad. Y cuando usted lo logre lo gozará y dirá: *no fue facil.* E incredulidad porque si no ven no creen.

Hay quienes que para poder creerte te piden los resultados, pruebas. Totalmente falso y errado lo que aprendieron sobre **logros y riquezas**. Lo correcto y misericordioso es, escuchar, leer y seguir a quienes te enseñan mientras ellos lo estan logrando. ¿Por qué falso aconsejar seguir solo a quienes tienen resultados? Porque no

Puedes identificarte con un rico porque tú no tienes lo que él tiene. Pero si puedes identificarte con alguien que mientras se enriquece te enseña a serlo. Eso sí es alcanzable. Solo puedes identificarte con aquello que tienes. ¿Te gustaría te rechacen porque no tienes resultados? Obvio, nadie. Entonces esa es la prueba de lo falso de aquel ´´consejo millonario´´.

Todo lo que hoy existe **fue producto de lo que no se veía. Y lo que no se veía, fue producto de la paciencia.** Este libro no existía y hoy ya existe: fue por paciencia. Su celular en el que lee estas líneas no existía y hoy existe; incluso sus propios ojos no existían y hoy ven estas líneas: paciencia. La mayoría de los ricos no existía y hoy ya somos una realidad; y tú, ya prontito lo serás. ¿Comprendes?

Este es el fundamento correcto para alcanzar la prosperidad y ser lo que se quiera ser. No pidas pruebas, no caigas en la ignorancia: **ayuda para ser ayudado.** Ayúdeles –con tu compra– a lograr esas pruebas que tú quieres ver, y, solo asi demostrar que si se podía para que tú puedas. No tires al olvido las ideas que pueden ayudarte a transformar tu vida; deja ya de asesorarte de supuestos ´´gurús´´ que con sus ´´enseñanzas´´ te dicen que seas malo e inmisericorde, y, y cierres tu mente a otros.

. que en verdad era cierto lo que decía. Lo que es la verdadera riqueza, NO ESTA basada en el egoísmo, y eso es precisamente lo que tus ´´gurús´´ te enseñan cuando te dicen ´´Sigue solo a quienes tienen resultados´´. **Caíste**. Caíste en el engaño de ellos porque si no lo sabias, tambien la ignorancia puede llevarte a enriquecer; pero es un ´´riqueza´´ que pronto desaparecerá. Mas yo le enseño un consejo sano y reconciliador: **ayuda para ser ayudado**. Eso sí se llama ser gurú. ¿Te gustaría que tus ideas fueran compradas? Entonces deja ya de escuchar a supuestos ´´gurús´´ que le enseñan ´´riqueza´´ **con base en el egoísmo**, y que, durara poco.

"En la multitud de ideas, hay dirección sabia".
– Moisés Emanú.

La multitud de ideas hace nuestro proceso de paciencia más corto y realización de riqueza rápida. La fe es importantísima en el proceso porque nos recarga de esperanzas, y **¿Qué es fe?** La fe es un acto de seriedad (no de juegos, ni risas), la Fe es **ponerse en marcha** hacia el objetivo trazado, y ella nos ayuda a ser paciente.

Desde el punto de vista empresarial, **es innovar: hacerlo diferente para el beneficio colectivo.**

Cuando somos pacientes el proceso de riqueza se vuelve cada vez **más rápido**. Pero para la mente natural *–nuestro yo racional–* el proceso de fe y paciencia no le es nada alentador.

Si se encuentra en su tiempo de esperar y siente que el asunto se torna difícil, este es mi consejo favorito que yo mismo practico: **Ocúpese**. Si. La capacidad de esperar no se logra sino te **ocupa. Ocupe** su mente en algo en aquello que tiene que ver con tu meta *–aunque físicamente no avanza–* pero entiende que no es el tiempo de avanzar, **sino de avanzar con la formación, el desarrollo de las fortalezas y las capacidades mentales**. PORQUE **lo que se viene** es sumamente **grande** y tiene que tener desarrollado **todo nuestro ser** para administrarlo efectivamente **y disfrutarlo**; porque es cierto que a muchos la riqueza les queda muy GRANDE; **porque no se preparan y fracasan.** Una mente ociosa no esperara.

En mi ruta hacia la riqueza, ocupe mi mente en aquello que me haría responder favorablemente frente a la riqueza. Fueron varios años de preparación, pero, gracias a este libro, ya no tienes que esperar 4 años: solo dos y medio para volverte rico, y, 21 dias para tus primeros resultados si sigues mis consejos al pie de la letra.

Gracias a mi experiencia facilitarte las cosas, y, entre tanto te enseño a ser rico, yo, me vuelvo rico ¡No te parece genial!

Para aquellos que estan acostumbrados a quererlo todo facil, les traerá frustraciones y probablemente hasta la muerte el no esperar, porque el estrés –causa de no esperar– es de las principales causas de muertes en todo el mundo; por el agobio y la frustración psicológica.

No siempre es bueno quererlo **todo ya**. No todo tiene que ser necesariamente natural o visible (racional). Muchas cosas tienen que ser necesariamente invisibles, porque ese es el propósito original del verdadero exito: ***crear algo que no existe o mejorar algo existente, para beneficiarme y favorecer a otros;*** para retarnos y descubrirnos de lo que somos capaz.

Las cosas más geniales de la vida se crearon por fe y con fe. Ahora usted ya conoce este fundamento y no habrá razon para limitarse y dejar que nadie nos limite.

Dejar de preocuparse **sin ocuparse, no es paciencia**. Ocupa tu mente y disciplínese. Hágalo. Deje la pereza que con pereza nadie ha logrado nada, y menos ser enriquecido al nivel preferente. Crea –fe–, ocúpese, y solo asi tendrá paciencia. Y esta le lleva al siguiente progreso. Y si por algo este capítulo no fue tan emocionante,

¿Qué tal si te aconsejo encontrar tu pasión para ser paciente? Si. Cuando sabes para que has venido a esta tierra y haz nacido, no solo la disciplina se vuelve como algo natural de aplicar, sino que la paciencia es corta. Cuando encuentras tu pasión el tiempo corre y los dias son más cortos. Cuando encuentras tu pasión, esperar se vuelve más corto y tu proceso de riqueza rápido. Ahora, la nueva forma de esperar y ser paciente, ya no es aquella cosa de aguantarse tantos dias, sino de encontrar:

____

____

____

(escríbelo allí).

¿Me acompañas al próximo capítulo?

Dejar la pereza

… Pero muévanse, no se queden ahí sin hacer nada. Y ustedes ¿no harán nada? No sean perezosos en ponerse en marcha para ir y tomar posesión de su riqueza. –Anónimo.

La anterior cita encaja perfectamente bien en acerca de lo que necesitamos hacer para trabajar de forma inteligente y lograr nuestra felicidad financiera y libertad. Está claro que la felicidad no se logra con pereza.

Pero ¿Cómo podemos lograr felicidad? La felicidad se logra con ir tomando día a día pequeñas **decisiones**, que se traducirán en **acciones. La felicidad** es la **decisión de elegir actitudes, comportamientos, emociones y proponerse metas realizables,** que nos hacen sentir mejor todos los días. Sé, no es facil, y lo reconozco. Pero es necesario disciplinarnos y desarrollar esa disciplina.

Esto significa que la felicidad no depende de las cosas externas –como cosas materiales–, aunque si influye, sino depende **de nosotros mismos.** Yo tengo que elegir ser feliz asi que la felicidad **es una decisión** (antes de todo). Una decisión que solo se logra respirando profundo en momento de tensión y darle chance a la consciencia para que decida. Es asi como logramos desarrollar **la disciplina de ser feliz.**

Es cierto, las cosas externas –materiales– aportan cierta felicidad y satisfacción **pero no es este el centro de la felicidad.** La felicidad no tiene su raíz en lo perecedero, **sino en lo que permanece.** Porque la felicidad no es un objeto: es un espíritu –y lo es– y eterno.

Es un grave error asociar la felicidad a lo tangible. Porque no puede ser posible que perezcamos juntamente con las cosas que duran tan poco; porque no debe ser posible comprometer la vida o compararse a un pedazo de papel (por ejemplo), un mueble, dinero, títulos, etc. ¿me explico?

"La felicidad no tiene su raíz en lo perecedero, ***sino en lo que permanece.*** *"*
– Moisés Emanú.

Sé que es duro cuando pasas una situación complicada y sientes que nadie te ayuda ´´incluso hasta Dios´´ (no lo afirmo), y, lo sé, es difícil. Debes relajarse. Sin embargo ahora ya tienes aquí una solución inteligente para ser aguerridos, agresivos frente a la pereza y lograr felices:

1. **Póngase en contacto habitualmente con la naturaleza.**

Para mí esto es fascinante, una de mis favoritas. Cuando lo hago, libero toxinas negativas producto del estrés de las dificultades, lo que nos ayuda canalizar cualquier situación de una mejor manera; no dejarse auto destruirnos. A menudo veo programas como Nat Geo, Animal planet, History, porque si es cierto que hemos aprendido a quejarnos en medio de la crisis y cuando vemos estos programas, volvemos a nuestro estado natural: **la calma**; porque estresados y angustiados, nuestra mente no se presta diligente, sino –perezosa– y nada mejora. Me gusta salir al patio de mi casa para escuchar los pajaritos cantar, y muy seguido, me reúno con mis amigos para ir a camina a la montaña; me conecto con mi origen; vuelvo recargado, motivado dejar la pereza.

2. **Cuida tu cuerpo haciendo ejercicio.**

Aunque no asisto a gimnasio alguno (no creo necesitarlo) tu puedes hacerlo. Yo todos los dias hago ejercicio caminando por un lapso de 10 a 30 munitos cuando voy a realizar diligencias, por supuesto, con las debidas normas de seguridad; pobre o rico, siempre puedes ser hurtado. Asi que no importa si tienes dinero.

3. Agradece las pequeñas cosas.

El afán por los dias que aún no llegan es absurdo, reconozcámoslo. ¿Por qué estresar mi vida con un día que aún **no ha llegado** y **en realidad** no existe? **Piensa**; es completamente ridículo. Este **dañino hábito**, impide agradecer por las cosas pequeñas de la vida e insignificantes pero muchas veces poderosas, olvidando el valor que nos aporta minando nuestra mente de destructiva ansiedad. Sea cual sea tu condición material o espiritual, agradécelo. Oprah Winfrey dijo: *"Cuanto lo agradecía, mas veía llegar las cosas buenas a mi vida"*. Puedes empezar agradeciendo el hoy, dejando al creador y a su universo encargarse del mañana. Tú confía expectante. Y una de las cosas que yo disfrutar al nuevo amanecer, es sentir el agua correr por cuerpo al bañarme. Es una cosa sabrosa que me quita la unción o influencia de la cama, y me prepara para mis chiqui metas diarias. Pero yo voy avanzando.

4. Recuerda algo y sonríe.

Recordar aquellas cosas divertidas nos motiva y ayuda a respirar aires de esperanzas y fortalece e impulsa a lograr lo que queremos.

Una frase que me gustó mucho de un emprendedor para ilustrar la sabiduría decía:

–Alumno dice: *´´Maestro, como he de hacer para alcanzar la sabiduría´´.*
–Maestro responde: *´´Debes dejar de hablar con tontos´´.*
–Alumno: *´´Maestro, no me parece eso de dejar hablar con tontos´´.*
–Maestro le dice: *´´Tienes razon, hijo, dejare de hacerlo´´.*

Jajaja. No sé a ti, pero a mí sí me parece gracioso. Ok, bien.

5. Aprende a controlar tus pensamientos. Cuida lo que te dices a ti, porque **es tan poderoso** que sin lugar a dudas **se hará una realidad.** ¿Quieres hacer realidad sus sueños? ***Haz este hábito constantemente diciéndose lo que quieres lograr y lo lograras.*** La confesión de las palabras es poderoso. Utiliza este hábito, esta habilidad, para buenos propósitos. Cuide de no usarlo para fines donde tu alma, cuerpo y espíritu, se vean comprometidos al fracaso. Cuida lo pasa a diario en tu mente. Del mismo que se habla frente al espejo a solas, hazlo para decirse que eres capaz de lograr lo que sea, de lograr tu felicidad finan ciera interpersonal.

6. Enfóquese en cómo lograr metas.

A pasar de las situaciones difíciles, sentir que la cosa esta dura, casualmente es la mejor oportunidad para darnos cuenta que debemos (con fuerzas y agallas) buscar de modo distinto, lograr mejorar la situación. Como te decía en el punto #3, hago chiqui metas para mantenerme en el juego sin dejar de avanzar.

7. Haz algo bueno por alguien más.

Hacer algo bueno por alguien más, no solo nos ayuda ser misericordiosos y buenas gentes, sino que ES LA SEGUNDA FUENTE PRINCIPAL PARA GENERAR RIQUEZA POR SIEMPRE. Y ÉSTA, ES LA QUE IMPIDE QUE NUESTRO DINERO SE VUELVA UN MAL PARA NOSOTROS. **¿Sabías que NO ES el dinero la raíz de los males, SINO ser tacaños e inmisericordes?** El mal no proviene del dinero mí apreciado lector; **proviene** de ti y de mí por el tipo de información que tenemos. Asi que, yo no creo que quieras que tu dinero te genere toda clase de mal. **Dar** es muy bueno. Es más bienaventurado dar que recibir, dice por ahí un texto bíblico; aunque recibir tambien es bueno.

Dar no solo porque aunque no esperemos recibir algo a cambio, siempre lo recibiremos; sino, porque se siente especial cuando ayudas a alguien. Para mí es hacerlo a través de estas ideas a lograr el éxito. Muchas veces suelo regalar mis libros y me da pesar cuando veo un mendigo por la calle. La próxima vez que veas uno, por favor cómprale un tiempo de comida; el cielo te premiara, y mucho más.

8. Aprende algo nuevo.

¿Crees que todos los gurús que has leído lo saben todo (peor los muertos)? Cometes el error si crees que es asi. Estas perdiendo una fuente de conocimiento extra que sin lugar a dudas, potenciara tu vida y bienestar. Kiyosaki, Harv Eker, Trump y muchos más, NO lo saben todo; y esa es la triste realidad. Asi que, no caigas en el error; no caigas en la ignorancia. Cuando desarrollas la habilidad de ser curiosos, al hacerlo, distraemos nuestra mente de la pereza y vita caer en el hoyo de la desesperación y del fracaso.

9. Conversa con alguien más.

Conversar con alguien más acerca de mi situación, no solo nos ayuda no dejar que la crisis nos ahogue, sino que adquieres buenos consejos y esperanza. Esto hago muy a menudo, pues en la multitud de consejos, hay dirección sabia; no es que harás lo que dice la gente;

escuchas y finalmente concluyes tu propia version y plan de accion. Además que conversar con alguien más sobre cualquier cosa, te vuelve más sabio e inteligente; aun cuando crees saber algo, pero decides escudriñar (curiosear) para aprender más; y aleja de ti la ignorancia y la soberbia, y, te vuelve sumamente humildemente inteligente. **Y recuerda:** *Riquezas, admiración y vida* (muchos años), *son el reconocimiento de la humildad.*

10. Duerme mejor.

Parece ser una oferta tentadora para los haraganes. Pero dormir mejor es sencillamente dormir las 8 horas. Si sabes que al día siguiente necesitas levantarte a la 6 de la mañana, saber a qué hora necesitas acostarte. Desarrollar esta disciplina, evita que nuestro cerebro preste atención al problema –por ejemplo–, y estarás recargado de energías para ser efectivo en tu vida diaria. Al descansar, **no significa que estemos evadiendo un problema, sino que tengamos una memoria fresca porque asi como se resuelven mejor los problemas.** Pero cuando estamos estresados por falta de descanso. Es difícil para el cerebro prestar atención y resolver. Esta y otras situaciones se logran mejor tomándose una siesta.

¡Maravilloso! pueblo de Israel y sea BENDITO. Muchos han querido dañarle, pero en sus tiempos antiguos, había una tribu llamado DAN se le había dado la promesa que recibirían como herencia una tierra, **una tierra por la cual tenían de pelear;** no era solo que iban a conquistar y sentarse en ella; tenían que despojar de esa tierra a una gente perezosa e improductiva, y se pusieron en marcha.

Rodearon la tierra. Enviaron espías *–cinco en total–*, espías valientes (no haraganes) para reconocerla y **saber a qué se enfrentaban**, y cuál era el estado de sus habitantes (lo mismo pasa con nuestras finanzas: debes cerciórate de cómo se encuentran y que medios usar para resolver). Cuando llegaron vieron que el pueblo estaba seguro **(confiado en extremo)**, ocioso (haragán) desprevenidos –conforme a la costumbre de otros pueblos– (¿sabes que a veces se te pega lo haragán de otros?). Luego de inspeccionar la tierra, los cinco hombres regresaron a su ciudad y sus hermanos les preguntaron:

– *¿Qué encontraron?*

Hemos encontrado –respondieron– *una tierra muy buena,* ***pero ¡muévanse, no se queden ahí sin hacer nada!***

Tenemos que ir a atacar y a apoderarnos de la tierra. Al llegar allí verán que el territorio es muy grande, no hace falta nada, la gente es pacífica y ***no está preparada para un ataque****; con seguridad que Dios nos dará esa tierra.*

Entonces seiscientos hombres de la tribu salieron de las ciudades de aquella cuidad, armados hasta los dientes y listos para el ataque. Siguieron andando, y llegaron a la ciudad Lais y atacaron a sus habitantes que eran **muy pacíficos** y **no estaban preparados** y los hombres de Dan mataron a todos a filo de espada y la conquistaron.

Lo mismo sucede cuando tu tomas enserio tu vida en relación al dinero. **La segunda mayor necesidad del mundo después de Dios, es el dinero.** Y cuando solo crees en la suerte de universo y piensas que te traerán todo en bandeja de oro, eso no sucederá. Inclusive los cristianos viven engañados en esta parte y creen que con solo oración recibirán todo.

´´Por la pereza se **cae el techo,** *y por la flojedad de las manos el techo´´.*—Proverbio antiguo.

´´Las riquezas verdaderas y duraderas, solo **se logran con valor y coraje**. *Los cobardes vivirán siempre quejándose e imaginando´´.* —Moisés Emanú.

´´Pero mientras ellas –las insensatas– *iban a comprar vino el esposo y* **las que estaban preparadas** *entraron con él a la boda y se cerró la puerta. Después vinieron las otras vírgenes* (las insensatas), *diciendo* (al esposo)*: ´´ ¡Señor, ábrenos! ´´, más el respondiendo dijo: ´´De verdad les digo, que no las conozco´´.*
—Anónimo.

Aquí es cuando muchos dice: ´´ ¿Por qué la vida es injusta conmigo?´´ No. No es que sea injusta: es que tenías información equivocada sobre la vida. La vida con nadie es injusta. Es más, la vida eres y eres tú el injusto (a) contigo mismo al adoptar pensamientos de pobreza. Especialmente me impacta a mí este último dicho. Si las vírgenes insensatas no pudieron entrar al **festín** de la boda, fue porque no estuvieron preparadas. Es duro cuando se te presentan oportunidades grandes y no estás preparado para recibir y aprovecharlas.

Como la ocasión que perdí un contrato por 6 cifras porque no estuve preparado; muy duro, y a la vez, amarga lección; fui perezoso.

Asi es la riqueza cuando se te presenta, te dice: *´´de verdad te digo: no te conozco´´*. Pero no me detuve y continúa hasta lograrlo. Es necesario prepararnos, tomar *´´al toro* –de la pereza y la pobreza– *por cuernos´´* y con fuerza, coraje y valentía alcanzar nuestra libertad financiera añorada.
Tres razones poderosas por las que me encanta hablar de las hormigas:

1. ***Están programadas*** *para ir tras su meta, sin importar los obstáculos.* Lo atractivo de ellas, es que no hay peros que valgan y su genética está hecha para lograr el éxito en todo lo que emprenden. Ellas siempre buscan otras alternativas. Te recomiendo, adopta su genética espiritual; no te ahogues en un vaso con agua; se de los que cuando parecen estar ahogados, se ponen a nada en ella. Expande tu creatividad e imaginación.

2. *Saben que el tiempo de los escases* ***siempre vendrá*** *y se preparan.* ¿Por qué yo digo que es ignorancia (aunque tengas mil millones) pasártela gastando? Porque los tiempos son cambiantes; porque en cualquier momento podrías perder hasta tu casa, es

más, tu casa **no es tuya: es del gobierno**; asi como lo escuchas; pues se la das en concepto de impuestos.

3. *JAMAS, pero JAMAS se limitan. Porque en su sangre no está programado detenerse cuando hay obstáculo, sino buscarse otra salida. Adoro su accionar;* ¡Maravillosa naturaleza!

¿Quieres poseer felicidad financiera? Adopta la genética de las hormiguitas. Y no se trata de cuan duro trabaje, porque las hormiguitas no trabajan duro, ellas lo hacen inteligentemente, en equipo.

Harás lo siguiente: buscaras una pequeña colonia de hormigas trabajadoras de esas que no pican, y quiero que experimentes su accionar; quiero que pongas un pie delante de su camino y mira que lo pasa. Vamos, hazlo.

Es hermoso cuando te conectas con tu verdadero ser natural. Lo que pasa es que estamos rodeados de tanta información de baja calidad y dejamos estresarnos y se hace difícil cual información escoger; aparte que muchos la saben vender, son expertos en venta de conocimiento, y necesitamos ser selectivos.

Es de entender donde me encuentro en el **TEV**, el **Triángulo Económico de la Vida**.

Este es el novedoso, rápido y facil sistema financiero que he creado, para ayudarle a comprender mejor el juego del dinero, donde nos encontramos hoy, **y hacia a donde tienes que dirigir.**

Si sabes en que Tev te encuentras, ya no habrá confusión y será más facil llegar a la meta; este sistema es mucho **más facil** lograr objetivos hablando menos. En el TEV, la pereza pierde terreno y te armas de valor para ir tras el triángulo correcto. Vemos la gráfica:

''**P**''
Pobreza

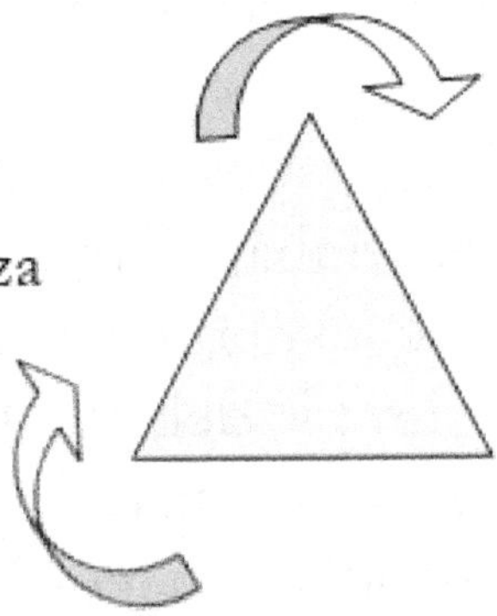

''**R**''
Riqueza

''**M**''
Miseria

M: miseria: aquí se encuentran los andrajosos, los que comen de los basureros y duermen de la calle. ¿**Su riesgo**? La muerte o un golpe de ´´suerte´´.

P: pobreza: aquí estan TODOS los que dependen de un salario en las distintas posiciones de una empresa, y, aun los que tienen su propio negocio donde requiere de su presencia. **¿Su riesgo**? si ellos no trabajan, no come. Estos dos grupo se encuentran a merced de los gobiernos, donde –por ejemplo– los altos costos del combustible los afecta en toda su economia. Y entre otras cosas consecuentes como: ser infieles a sus esposas porque dedican la mayor parte del tiempo a su trabajo. Sus hijos, podrían verse envueltos en la ignorancia llamada crimen organizado, delincuencia común, drogadicción, hurto, odio, desamor, ser bastardos ante la sociedad, y pobreza. Todos estos flagelos son consecuencia directa de la falta de dinero.

R: riqueza: aquí se encuentran los inversionistas, ricos, millonarios, ultra ricos, ultra archí multimillonario y billonarios. **Se distinguen** por sus inversiones mayores a los gastos, poseen **mucho tiempo**, son empleadores, son **bondadosos**, son libres. A ellos **les encanta leer, auto didactas y jamás se conforman con el estatus quo.** Los gobiernos dependen de ellos, tienen poder e influencia. ¿**Su riesgo?** La mentalidad de corto

Plazo; acomodarse cuando logrado la cúspide del éxito. Y para que lo entiendas de una vez, **acomodarse**, solo lo lograras rumbo al panteón. Tambien el egocentrismo y el confiarse demasiado porque poseen mucho, es su talón de Aquiles. Pero lo que sí es reconfortante en este triángulo, es que no tienes por qué preocuparte o estar afligido por dinero. El dinero puede resolverte muchísimo la vida.

A trabajar se ha dicho.

Quienes nos rodean, no tienen la culpa

"Y el hombre respondió: La mujer que me disté por compañera, me dio del fruto y yo comí. "
– La historia judía del huerto del Edén.

No sé a ti, pero a mí (jejeje) me pareció gracioso seguro ya conoces la historia.

Siempre sucede esa cosa de echarle la culpa a alguien más de nuestros errores siendo nosotros los irresponsables. La mujer –dijo Adán– que me disté, **me dio a comer del fruto y yo comí.**

En el hogar ¿Quién es la "cabeza" quién manda? Me parece que en situaciones de alta presión, se hombre se vuelve cobarde haciéndose más débil ante su sexo opuesto menguando su poder de jerarquía y dominio, careciendo de valor, mostrándose a lo más bajo, pero nada es eso: menguando su ejemplo como líder de su casa; él es que tiene que ir al frente de su familia, aún, sin ser culpable del error. **Y es allí donde se nota el liderazgo de un líder: afronta su problema.**

A medida que los problemas se presentan buscamos culpar a otros de nuestra crisis, errores, y quienes menos tienen culpa somos nosotros ¡increíbles! ¿No? Y somos tan buenos para juzgar a otros —menos a nosotros— ignorando la **“biga que está en nuestro ojo”.** A todos nos ha sucedido.

Recuerdo la ocasión haber culpado a personas por la pérdida de empleos, contratos millonarios (y muy pocos saben sobre mi), a mi familia incluso, y al “amigo” millonario, que creí poder ayudarme luego de recomendarme a un empresa para ese contrato millonario pero sucedió asi; era mi culpa; por no estar preparado.

¿Se imagina solo ir a la caja fuerte a sacar dinero para resolver tu necesidad? Piénsalo. . Los estudios de los hijos son una obligación o cuando te cases querrás tenerlo todo sin complicación, ese proyecto de negocio anhelado, y hasta de repente disfrutar de las vacaciones soñadas (Escriba aquí tu deseo o necesidad: ______________________________

____

____

____

Aunque el dinero no lo es todo en la vida, pero es una de las principales causas para culpar a otros: al jefe, al compañero de trabajo, a la mujer, etc. Por ejemplo, muchos no se casan porque no tienen dinero, y la chava no les para bola porque tampoco tiene dinero; y no es que

Sean interesadas; es sin dinero no se come.

En el huerto del edén que representa la abundancia de recursos materiales, paz interpersonal, y otras riquezas, ellos no tenían necesidad de nada porque confiaban en su creador. Supónganos que lo mismo pasara si tú y yo comprendiéramos la importancia del dinero en nuestra vida, la importancia de rico edén. No nos sentiríamos preocupados por nada porque lo tenemos en abundancia.

La razon de porque culpamos a otros de nuestra pobreza, es que no queríamos entender sobre la influencia del dinero en nosotros y que estamos sujetos –no atados– a él. Si. Después de Dios, la segunda mayor necesidad del mundo es el dinero. Quizá digas: *´´Yo prefiero a Dios porque él lo tiene todo; y si lo tengo a él, yo lo tengo todo´´*. Si esto es cierto ¿Por qué confiesas que el dinero es la raíz de todos los males? Te lo dejare para encuentres la solución a la pregunta. Es decir, TODO lo que hacemos necesita dinero. Asi que ya no deberías mentirte para no culpar a nadie de lo que sea, menos por falta de dinero.

El papel moneda de hizo de la pulpa de un árbol y de la plata y el oro. Nosotros como seres humanos –naturalmente– necesitamos de estos elementos –activos– para crecer y vivir; y,

conocer este origen, es la clave para lograr nuestro propósito económico.

No hay nada de malo depositar confianza en el dinero. Lo malo es el exceso. Y espero que no seas como Adán y Eva, que prefirieron el conocimiento del mal el de la pobreza, por el cual **hasta hoy muchos de su generación trabajan durísimo** 8, 12 y 24 horas para llevar el sustento diario a sus hogares a expensas de perder sus familias. Yo sé que tienes que trabajar, pero por Dios santo, **no por toda la vida para al final darse cuenta que no sirvió de mucho.**

Es increíble ver como hay tanta gente multimillonaria gastando su dinero creyendo que nunca se les acabará; es absurdo tanta ignorancia; por eso el volverte rico depende más de como piensas. Porque ignoran que **la pobreza** es un estado mental no material; se confían demasiado, como lo hicieron las vírgenes imprudentes. Lo mismo sucede con la riqueza, todo depende de cómo tu cabeza mueve el dinero porque **no es el dinero, sino tú**.

El espíritu de pobreza –culpar a otros–nunca dejara de estar en tu mente porque es algo que nace contigo, pero solo la constante renovación de tu conocimiento le mantendrá lejos.

Porque no es el dinero, sino tú.
−Moisés Emanú.

Un dato que me pareció interesante

Antes de terminar este capítulo, este dato me pareció y creo necesitas saber.

Según un expedito resumen de las Naciones Unidas, ONU, y el Foro Económico Mundial FEM el 95% de la población global, no logra su tan riqueza anhelada, y, que **su causa principal,** se debe a un conocimiento incorrecto sobre dinero y la ignorancia que enseñan en las aulas de clase. Por ello, no saben cómo emprender el vuelo hacia su libertad financiera. Ahora comprendo porque –El FEM− entrevista a famosos multimillonarios como el Sr. Jack Ma, que sin asistir a la universidad y antes de lograr graduarse de una, alcanzo la libertad financiera y ¡Vaya que libertad! Como para no vivir del trabajo por el resto su vida, ni sus futuras generaciones: **34 mil millones de dólares.** ¿Qué harías tú con ese dinero? Emocionante ¿verdad? Seguro que piensas en una vida facil ¿no? Piénsalo; porque asi debe ser. Es por esa razon que echarle la culpa a los demas, al gobierno (bueno si en parte), a quien se sea, no ayudara que alcances tus sueños.

Hoy las universidades no hayan manera cómo

sacarle el dinero del bolsillo a los estudiantes, vendiéndoles metodologías como: *"Estudia emprendimiento para lograr tu éxito en todo"*, "estudia para sentarte en una silla con aire acondicionado", etc. Porque se han dado cuenta que la gente se está avivando y que ya no pueden garantizar un futuro estable (a menos que sepan vender) debido a que los empresarios ya ni derechos quieren pagar; yo lo veo y digo: *"que absurdo quitarles la propuesta de valor; si sabes vender, sabrás lo que digo"*. Entonces te preguntas: *"¿Qué sentido tiene quemarse tanto las pestañas estudiando?"*

Creo que las nuevas y futuras generaciones de educadores ***irán más allá*** de lo que un siervo inútil (el cual solo hace lo que le dicen y no va más allá haciendo la milla extra, por eso son inútiles), estos nuevos profesionales **crearan** propuestas de alto valor y más atractivas al consumidor; ajustadas a las nuevas formas de prosperar financieramente; al fin y al cabo, todos estudian por dinero. Luego verán esos empresarios de mentalidad de corto plazo quejarse culpando a otros o al gobierno; o jugar empresarialmente sucio para destronar a la competencia. Tú, **jamás** hagas eso; porque quien diría que Elon Musk superaría a la Nasa. Por eso, aquí te enseñamos las claves sólidas y el carácter que necesitas tener, para ser un verraco (palabra colombiana para decir a alguien que es un master o buenísimo) competidor muy original. Y ¿vais a levantarte? Hazlo, y hazlo en GRANDE. Piensa tus finanzas en grande.

Asi que, el éxito financiero no se encuentra en un título porque hay muchos ejecutivos que dependen de su jefe; no te estoy diciendo no estudies, de hecho hazlo, en algo te servirá; lo que digo es que **no confíes tanto** en él, porque tengo amigas súper graduadas y masterizadas, y fíjate que no pueden hallar un empleo digno, porque su universidad les vendieron una REALIDAD QUE LA POSEE SOLO SU JEFE. Mientras te encuentres en ese **triángulo P: pobreza**, no tendrás el control de tu futuro. Aún hay millonarios que trabajan para su jefe, estan dentro de ese **triángulo de pobreza**; ¡Siii! Increíble ¿no?

Yo te doy un consejo sano: trabaja para aprender y NO solo para ganar dinero; aprende todo los procesos de inicio a fin de tu área. No te permitas excusarte después y culpar a otros; sino en depender de su propio emprendimiento, de controlar tus finanzas interpersonales que le dará bastedad de recursos y volver estar en el juego del dinero, triángulo correcto R=riqueza.

Y digo: ´´volver´´, porque ha sido siempre nuestro estado original: el de la riqueza; solo que algunos lo han perdido por culpar a otros.

Toma las riendas de tu ecónoma y hazte responsable de tus actos. No caigas en la tentadora pobreza de culpar a otros.

Lo que hicimos ayer es el resultado de lo que somos y tenemos hoy

Aquello que fue, ya es; y lo que ha de ser, fue ya.
– Un sabio llamado Salomón.

Recuerdo la moda de los 70s, 80s aunque tenía 8 años pero lo recuerdo. Pues nací en el 84 y unos pantalones de ruedo ancho y camisas de cuellos voluminosos con muchos puntos y de uno y varios colores. Los hombres y mujeres parecían como arcoíris coloreado y aquello era lo último en la moda. La gente se agolpaba a comprar –lo veía en la tele–, mi madre tambien me había comprado una moda asi y me encantaba.

Hoy en 2018 (año que renové este libro), me encuentro que esta moda vuelve a estar en auge solo que con algunos retoques de actualidad: poseen **el mismo espíritu**. ¿Qué significa esto? **Que aquello que fue, ya es** –como el ejemplo de la moda–, y, **lo que ya es, volverá a ser**; esto es poderoso.

Lo que tú y yo hoy estamos **y ya hicimos**, esos gastos –por ejemplo– y a veces innecesarios, o las inversiones entre otras cosas, **es lo que será ''mañana.''** Repito: **eso que acabas de hacer, es lo que será mañana;** esto es sumamente poderosísimo. ¿Puedes comprender la importancia, la magnitud de lo que acabas de hacer hoy? ¿Puedes entender lo que será mañana (si llega) respecto al uso de tu dinero hoy? La moda de los 70s, 80s, son un claro ejemplo de que, **todo lo que es hoy será "mañana"** –vuelve a repetirse– y **lo que será "mañana", volverá a ser en el futuro.**

¿Quieres no sufrir por causa de dinero? Ten conciencia de lo que haces hoy con él. Deja que tu consciencia haga su trabajado de inspector e introspección no permitiendo que las emociones ganen terreno; **esa es la clave**; y úsese en lo que de verdad se necesita. No tenemos que andar por ahí como "bobos" diciéndole al mundo: *"hey mira, tengo resultados créeme y sígueme a mí"*. Porque aunque tengas resultados nadie puede identificarse contigo porque ellos no estan en tu situación y tampoco saben a ciencia cierta si van a lograrlo como tú lo hiciste, pero lo que si puede hacer que te sigan, es que tú, personal u online mente, les guíes hacer lo que hiciste; eso sí es realmente diferenciador, por eso es correcto decir: ´´hey, sígueme´´. Asi que ya dejémonos de boberías y mitos, dichos ´´millonarios´´.

Hacia dónde vamos

Vamos a desarrollar el hábito de **la consciencia.**

Este hábito es necesario si queremos lograr verdadero y durable éxito financiero a nivel interpersonal y exterior. Respecto al hecho de que, lo que hoy ya hicimos, es el resultado de lo que somos, tenemos y seremos ya, es por eso la obligación y la responsabilidad de desarrollar la consciencia. ¿Ya te diste cuenta lo que acabas de hace unos minutos atrás? De eso estoy hablando: **consciencia**. Y para bien o para, de acuerdo a lo que acabes de hacer esos minutos atrás, ya se hizo; asi espera el resultado.

Asi de serio es este asunto de lo que haces y ya hiciste, no solo respecto a tu vida personal, sino al dinero. La pobreza se debe gran parte no a la escases de dinero, ni a la desigualdad, esas son patrañas inventadas de la generación de Robín Hood queriendo quitarle al logra la libertad financiera su dinero. Está claro que son un tajo de ladrones sin capacidad de hacer que se enriquezcan aquellos por los cuales velan; está claro que forman parte del crimen organizado.

La pobreza y la desigualdad económica entre pobres y ricos, **se debe principalmente** a que los unos NO TIENEN **consciencia**, y los otros **SI LA TIENEN**. Los unos, prefieren gastar su dinero en emociones (inconsciencia), mientras que los otros, prefieren darse cuenta introspectivamente (ser conscientes) de lo que hace su mente y su mano cuando piensan en la chequera y la mano de la bolsa al salir de ella respectivamente. Esa es la consciencia **que este libro** quiere lograr en ti y en usted, para ponernos en marcha ***tras la riqueza correcta*** y NO, sobre la supuesta riqueza (**basada en realidad** en el engaño y la ignorancia) de un tipo de supuestos eruditos ´´ricos´´ parados en un pulpito (espiritual y tradicional) diciendo: *´´El reino de los cielos es para los pobres´´, y, ´´Sigue solo a quien tiene resultados y estan donde quiero estar´´,* invocando **al egoísmo**, a la pobreza, a la maldad de **no ayudar a otros** hundiéndoles aún más en su pobreza y vivir en ella; en la aflicción, la preocupación, la desesperación (y en el **suicidio**, muchas veces o la intromisión en el crimen, el hurto) y en la fragilidad de su fe arriesgándose negar a su Dios y no lograr su libertad financiera, porque lo GRAN contradictorio es que –por ejemplo– en el libro del apocalipsis dice claramente: *´´Calles de oro* (precio del oro aquí: $41,481.29 el quilo, pero allá en su cielo es incalculable) *y su mar de cristal´´,* y, en lo tradicional se dice: *´´Quiero ser ayudado en mis ideas´´,* estando seguro que a ti, te gustaría ayudaran en tus ideas. Aquí es donde te preguntas:

–´´ *¿Cómo es que alguien que en su cuidad de oro y su mar de cristal* (muchísima riqueza y dinero) *puede* *aconsejarte que vivas como pobre, afligido, preocupado, angustiado por falta de dinero, ser egoísta no ayudando a otros y fragilizar tu fe para finalmente negar a tu Dios y recibir al fracaso?´´, ¿Qué significa?*

La verdadera riqueza NO ESTA basada en el egoísmo ni en la ignorancia. Significa que el maestro de las finanzas personales, Jesús, lo que trataba de decirnos, es que tuviéramos esperanzas de una vida mejor porque el maestro no puede contradecirse. Y tú y yo, ya no debemos enseñar egoísmo, sino bondad.

Las personas siempre andan por ahí con el cuerpo presente y la mente en otro lugar. No saben que su mundo no visible a su realidad, es más real, que su realidad. Gran parte de nuestras decisiones financieras las hacemos inconscientemente y es por eso la necesidad de desarrollas el hábito de la consciencia. **La inconsciencia es el mal, no el dinero.**

Caminas por la calle y tu mente en Francia, en la novia, la esposa, los problemas financieros, etc., y la vida parece un caos; pero cuando gastas no te das cuenta que necesitas ser consiente porque entiendes, que tus resultados futuros son el hecho de tu presente. Creemos saber algo, **pero no** cómo debiéramos en realidad, por miedo a perder esa tentación que satisface el deseo emocional de gastar, y de *´´que me importa, total, el dinero es eterno´´*.

Y ese es el problema que enfrentar la mayoría con respecto al dinero: creen saberlo todo, pero no lo saben en realidad. Y el asunto es que cometes el error de aferrarte al que dijo: ´´Sigue a quien tiene resultados´´, porque él no lo sabe todo. Asi que eso es igual a ignorancia. Asi que, tienen un concepto no concebido del todo, y no lo saben en verdad. Y esta, es la causa de tantos colapsos financieros.

Recuerdo a uno de mis mejores jefes siempre decir: –"*¡Es que no hombre, no es si yo pensaba yo creía: es que lo sepas en realidad!*"

El dinero NO ES un mal, si adquirimos la **consciencia** que nuestro futuro depende de lo que hacemos hoy. Es el secreto que nos ayuda ser exitosos en el futuro respecto de lo que hacemos hoy. Nos ayuda a ser prevenidos, y a prepararnos para vivir en riquezas. Si somos conscientes hoy, ´´mañana´´ lo seremos; lo que asegura YA NO sufrir por dinero.

"La inconsciencia es el mal, no el dinero. "
–Moisés Emanú

Pregúntese **¿Por qué he llegado hasta aquí?** Es una excelente forma de desarrollar consciencia, ayudará a darnos cuenta lo que hemos hecho; y es la pregunta cotidiana que necesitas preguntarnos siempre para lograrlo.

Esto trae consigo estos beneficios:

1. **Se auto edifica.** Lo que aprende de sí mismo y de otros no dando lugar al egoísmo, sino a la humildad.
2. **Te auto motiva.** Que servirá para futuros, presentes y nuevos retos.
3. **Aumentará su nivel auto humildad**. Estará apto para seguir yendo más allá, y, desarrollar más inteligencia y sabiduría.

La consciencia, es el conocimiento que el ser humano adquiere de su **propia existencia. Y ella nos lleva a saber:**

a. ***Quién soy:*** sobre la necesidad de conocerse uno mismo, debilidades y fortalezas.

b. ***Porque****:* Saber cuál es nuestro propósito aquí en la tierra, porque nací y que causas las provocaron. ¿Sabías que esta tambien nos ayuda identificar la manera más facil de atraer lo que quieres a tu vida? ¡Siii!, es

Increíble como este principio puede ayudar a identificar en el mundo de los negocios –por ejemplo– nuestro nicho de mercado. Hace poco un joven descubrió su pasión por ayudar a niños discapacitados y ahora fue ovacionado por ex presidente Barak Obama y la oportunidad de, por asi decirlo, ´´codearse´´ con un millonario. **¿Te fijas hasta dónde puede llegar el desarrollo de tu consciencia y su impacto en el mundo?**

c. ***Para qué***: Se define como la actividad que provocada por tu porque; y empiezas a realizar la actividad que te llevara a un nuevo estilo de vida.

Respecto a lo que ciertos eruditos aconsejan sobre *´´sigue a quienes tienen resultados´´* y *´´El reino de los cielos es de los pobres´´*, lo cual ya sabemos que es **egoísmo**, ignorancia e **inconsciencia**, yo te doy un mejor consejo: ´´**Sigue aquellos que no lo tienen resultados, porque sin duda a ti te gustaría recibir ayuda de ellos ¿cierto? A cerca de tus buenas ideas; y no solo a quienes tienen resultados**´´ y ´´**No caigas en la ignorancia de creer que el reino es de los pobres, porque incita a debilitar tu fe, y sin**

Fe, no puedes heredar el reino´´, ¿Estamos de acuerdo?

Mi mensaje sobre riquezas y dinero, el logro de las finanzas y la libertad financiera personal, está **concentrado** en la **conciliación** y la **unidad**. Y es más, si te guías por: ´´*Sigue solo a quienes tienen resultados*´´, más te costará alcanzar tus logros, porque una sola golondrina no hace nido; pero en la unidad esta la fuerza y el éxito; un pueblo unido jamás será vencido, menos fracasado. Y eso es lo que yo te aconsejo hoy. Si lo recibes, aceptas y practicas mi consejo conciliador basado en la unidad, y, porque unidos jamás seremos vencidos y, **tú, lo vas lograr mucho más rápido**.

Como ves, hay mucha inconsciencia en el mundo de hoy. Mucho individualismo. La inconciencia es la raíz de todos los males. Significa que somos los actores intelectuales del mal crimen llamado: pobreza; del cual somos culpables por nuestros actos emocionales inconscientes. Pero hoy podemos revertir.

Porque aquello que hicimos en el pasado, ya es en nuestro presente, (como el recibir esta educación financiera), **Tu riqueza ya está garantizada en el futuro.**

Todo lo que hacemos hoy **YA ES** ¡en el futuro! Por ello y finalmente, necesitamos saber:

Los dos factores principales:

1. Saber quién soy. La principal fuente de riqueza, el activo #1 hacer dinero, tomar el control y alcanzar la libertad. Cuando **me conozco**, entiendo de lo que soy capaz y estoy hábil para poseer cualquier cosa. Cuando **no me conozco**, no sé qué hacer en situaciones de crisis mucho menos al poseer cantidades de dinero.

2. Conocer su entorno. Conocer donde te encuentras en el **TEV**, el **Triángulo Económico de la Vida**; para saber hacia dónde necesitas dirigirte. Veamos nuevamente la gráfica:

Con estos elementos las decisiones que tomes de aquí para adelante, te ayudaran a tener superiores resultados y evitar caer en el hoyo de la desesperación, la pobreza y de la inconsciencia, para saber *–ser conscientes–* de qué hacemos hoy, y asi, garantizar un futuro sumamente positivo. Prosperidad **no solo** es un fajo de billetes, **prosperidad más es que se logre con el conocimiento correcto y vivas en paz interior todos los dias, disfrutarlo confiadamente, seguro y poder inspirar a otros.**

No existe la suerte por si sola. Pero si existen dos clasificaciones de ella:

1. La que yo y tu creamos realizando acciones.

2. La que sucede cuando nos regalan algo.

Con esto, ya hemos avanzado un camino que era largo y ahora ya es corto. Haz logrado mucho reinventadote con estas ideas millonarias conciliadoras y estas pronto a verlo con tus propios ojos. La ruta hacia la riqueza correcta y duradera en tu realidad, y, lo mejor de todo: por siempre.

Lo que hicimos ayer es el resultado de lo que hoy estamos viviendo ¿Ahora lo entiendes? ¿Ahora serás consciente de lo que haces?

Vamos hacia allá, hacia la riqueza. Tenga cuidado de lo que pasa en su mente a diario; auto examínese. Porque hoy es el resultado de lo que hiciste ayer, y ´´mañana´´ será, lo que hoy hiciste. No hay vuelta atrás.

Consciente de su situación, con Fe que cambiará

"Por tanto, no durmamos como lo demás, sino, velemos y seamos sobrios. "
– Proverbio antiguo.

Ya desarrollo conciencia. Ahora vamos al paso más importante de todos: **la creencia, la fe.**

Esta es una forma distinta de ver la consciencia con el enfoque de resolver nuestro problema: **el dinero.**

En el tema anterior hablamos sobre la necesidad de desarrollar nuestra conciencia para formarnos el hábito y porque de ello depende en gran medida que nuestros resultados sean positivos hoy; ya que sin ello este tema que trata sobre cómo resolver nuestra falta de educación financiera para generar ingresos, no sería posible. Aquí, vamos a resolver el problema.

Ser consciente es uno de los activos millonarios mentales **más poderosos** en la construcción de dinero y riquezas espirituales. La consciencia es uno de los activos y habilidades necesarios que asegurará nuestro éxito en las finanzas. No escatimes esfuerzos y recursos (como el tiempo) para leer y practicar y lograr este propósito.

La **in**consciencia imposibilita nuestro desarrollo como personas que no permite que podamos **ver** (visión: más allá de la punto de la nariz, un mundo no visible a los ojos, requiere creatividad e imaginación) que aún en medio de la dificultad **hay una oportunidad** (pero solo la creencia, la fe puede lograrlo): la oportunidad de desarrollar el carácter financiero **sólido**. Carácter que, no se deja intimidar, afligir y vencer **por nada**. Carácter que, te dice: *esto solo es una tribulación momentánea ¿comprendes? Practícame y veras lo que puedo hacer por ti.*

Y no se vea afectado, ni retrases el proceso en la obtención de riqueza sana y duradera.

El conocimiento de la pobreza está en nuestras venas ¿por qué? **En primer lugar**, porque nuestra naturaleza, como sabemos, no le es facil imitar lo malo, ¡ha!, pero sí que le cuesta aprender lo bueno ¿cierto? Le nos encanta la emoción del gasto cuando nos gusta algo, pero al tocar cumplir lo que verdaderamente merece atención financiera, allí guiñamos la boca.

"*Aún en medio de la dificultad hay una oportunidad (pero solo la creencia, la fe puede lograrlo).* "
– Moisés Emanú.

Todo lo que un ser humano será, lo adquiere desde el momento en que el óvolo de mujer es fecundado, desde el momento del sexo, y, ese esperma, ya va influenciado por el conocimiento –llámese pobreza o riqueza–, y condición en la que el hombre se encuentra (su nivel de estrés, aflicción, preocupación, aunque sienta placer, pero después que ella queda embarazada está preocupado por cómo va hacer para alimentar a su bebe y su progenitora) **y esto el niño lo recibe.** Los espermas no son una cosa separada del conocimiento. De hecho, fue el conocimiento quien lo creo. Este descubrimiento fue hecho por nuestro instituto de investigación financiera: **Economic Triangle of Life**, el que tambien desarrollo el método financiero **más facil y rápido**, Triangulo Económico de la Vida, TEV: M=Miseria, P=Pobreza, y, R=Riqueza. Tambien se lo puede comprobar a través de uno de los textos más antiguos de la humanidad al cual tuvimos acceso: **El Génesis.** Y un dato interesante: el triángulo es la forma más sólida que se da en la naturaleza.

Y todo es transmitido desde el cuerpo hombre el esperma al ovulo de la mujer. Si su condición cuando lo hizo fue en pobreza, su bebe lo sabrá (esto me impacta). Si lo hizo en la condición de riqueza, su bebe lo sabrá. Vea cómo hasta los sentimientos del estrés o la tranquilidad, la pobreza o la riqueza, son transmitidos al niño por esperma de su Papá. Y acerca de la verdad de que el rico no nace, se hace, es totalmente cierto. La diferencia entre ambos nacimientos, es que los unos no tienen los recursos porque no creyeron necesario la abundancia de dinero para la formación de su bebe, y los otros si, silo creyeron; tuvieron mayor consciencia; conforme a su condición se educaron.

Significa que, **no solo** las influencias externas contribuyen al crecimiento financiero de una persona, **tambien lo hacen las espirituales**. Y las espirituales, las que no se ven, son las que más gobiernan el comportamiento humano en relación al dinero.

La mayoría de los juguetes hechos ahora desafortunadamente, no tienen una orientación financiera, todo es a la diversión. Por eso nuestros hijos lo primero que piden es un juguete. Y por eso, los bancos invierten más en anuncios de: *´´Saca tu préstamo para irte de vacaciones´´*. Eso solo se hace cuando eres libre financieramente. Y cabe decir que es nuestra responsabilidad a través **del ejemplo**, enseñarles sobre manejo de dinero.

Monopolio es un juego para niños que yo recomendaría, donde ellos aprenden sobre la importancia del tema del dinero, administrarlo, invertir en bienes, vender empresas, entre otras habilidades. Es un juego interesante, interactivo, porque aprenden a vender, comprar empresas, realizar inversiones y desarrollar la consciencia sobre como deberán administrar su dinero cuando sean adultos. Tambien aconsejo se los lleve a ver películas como: *´´Un Jefe en Pañales´´*, el niño sabrá las decisiones que necesitará tomar, cuando tenga bajo su responsabilidad dinero, y, a demas, aprende cualidades de liderazgo. (Aquí puedes verlo en este enlace: https://www.twitch.tv/videos/168388674).

"Bueno le es al muchacho, llevar su carga desde su juventud. "
– Proverbios antiguos.

No hay cosa más hermosa que nuestro desarrollo como personas: Eso en realidad éxito. No las cosas materiales. Se trata de ti. Y el éxito no es más que la calidad de personas en la que nos convertimos. Por eso el éxito financiero no solo depende de lo buenos que seamos en el manejo de nuestro dinero, tambien lo es en el manejo y crecimiento de nuestro ser. Por eso liderarse uno mismo, eso es éxito. Y liberarse de las limitaciones, ya es mucho éxito; no digamos vencer el miedo a ser ricos. Esa es la base para liderar no solo a otros, tambien nuestra vida con respecto al dinero. Pero esto se logra con auto consciencia y fe. Antes debo decirte que fe, no es una religión: es una espiritualidad. Esto significa que no es necesario pertenecer a religión alguna para creer, porque todos nacemos con esta capacidad innata. Incluso el libro La Biblia lo habla claramente acerca de la natural (creencia en lo que se ve) y la fe espiritual (creencia en lo que se espera aunque no se ve). Sobre la verdad de que el creador NO SUJETO la fe a determinada religión, es el hecho de que les ha permitido a hombres y mujeres que, sin creyentes en Jesús, han logrado el éxito financiero. Y la prueba más comprobada es, que EL CREADOR hace salir su sol para gente de fe y de no creyentes. Asi que, asi aquí se descubre la farsa de las religiones que dicen que para tú, tener fe, necesitas pertenecer a su religión. Falso. Y, por si te fuera poco, la biblia dice claramente: “Al que cree, TODO le es posible”. No dice: “Al religioso”. ¿Comprendes? Porque la fe del creador –Dios– no es limitante.

Su fe es abierta para todos los que deciden creer en un mundo de posibilidades aunque en su realidad natural no se lo vea. Aquí los beneficios de este hábito y habilidad:

A nivel del ser:

1. Mayor bienestar interno.
2. Disminución de los niveles de estrés.
3. Mejor manejo de la ansiedad y claridad para solucionar problemas: **potenciación**.
4. Comprensión del propósito y sentido de las experiencias y situaciones de la vida (ámbito laboral, personal, profesional, financiero y negocios).
5. Mejora en la percepción de mis capacidades y potencial.
6. Desarrolla la capacidad de tomar decisiones conscientes y asertivas.
7. Logra obtener resultados individuales y de negocio a menor esfuerzo y costo.
8. Preparado para manejar situaciones complejas.

A nivel de negocio:

1. Relaciones interpersonales más armoniosas, contribuyentes y asertivas.
2. El proceso de toma de decisiones será orientado enfocado en los intereses del

Negocio y no de los intereses del individuo.

3. Aprender a canalizar la energía personal y de los equipos en función de los objetivos del negocio, empezando por sus empleados, clientes y por último el; en esa escala.
4. Mejorar niveles de compromiso y clima laboral en los impulsores de Liderazgo, etc.
5. Desarrolla líderes de futuro para la organización y para la sociedad y el bienestar de todos.
6. Valores organizacionales alineados con los valores de los colaboradores, y lograr el éxito en su organización.

Con estos principios seremos **capaces** de desarrollar nuestra **fe financiera** y lograr lo que queremos, más allá de controlar nuestras salidas de dinero, sino disfrutarlo en grande.

Muchas veces no queremos enfrentar situaciones complejas por miedo a saber lo complicado que es, por miedo a saber que es más grande que nuestras capacidades de resolver. Pero la realidad es que nuestra imaginación nos hace una mala jugada −exagerando−.

Un verdadero **líder financiero** ve los gigantes de la vida como **una oportunidad** para crecer. Se regocija de ello, levanta las manos con los puños cerrados de alegría porque sabe que lo buenísimo viene, y en ves dejarse ahogar en el vaso con agua disfruta nadar en él. Echamos fuera toda cobardía, flojera, y miedo **y atraemos el éxito.** Cundo le tenemos miedo al problema, en realidad ahuyentamos nuestro éxito, pero hoy cambia. Di conmigo: *´´Hoy cambio´´.* Recordemos que los cobardes no logran nada, porque no lo intentan y se dejan llevar por miedos imaginarios. Entonces a veces no queremos enfrentar nuestros gastos porque nos acostumbramos a ello y esa es causa de nuestro fracaso en las finanzas. Puedo entenderlo pero no te estoy alcahueteando. Si posees muchísimo dinero que, gastes a tu gusto, lo haces porque tiene bastante, asi que necesitas ser prudente y tener algo debajo del colchón. Mas sin embargos confiarse es riesgoso. En cambio si apenas te alcanza no debes darte lujos incoherentes por ahora donde tus ingresos sean menores.

Absolutamente todo lo que se creó en esta tierra se hizo **con fe y por fe.** Eso que para muchos llaman **eureka**, **inspiración**, fue una revelación llamada fe. La providencia divina –el universo Dios– te entrega esa idea para que la realizases para tu beneficio y el de muchos. La fe es el activo #1 **más poderoso** para crear y lograr resultados que se creían increíbles. El fallecido Steve Jobs creo un mercado de computadoras para el hogar y la oficina QUE NO EXISTIA, eso es fe. La fe es crear cosas que no existen.

He escuchado a personas que cuando se trata de creer, se vuelven realistas no dando lugar a las posibilidades creativas de su imaginación. La mente por sí, es fe. Para este momento muchos poseen ingenierías, licenciaturas, maestrías, y doctorados. Son expertos en tecnologías, incluso, graduados de Harvard y certificados por Microsoft. Trabajan en las grandes corporaciones del mundo, pero cuando sean despedidos será puesta a prueba su fe. Conozco personalmente algunos amigos de esos niveles. Las vírgenes insensatas de nuestra introducción que descartaron la posibilidad de quedarse sin el preciado aceite –su fuente de riqueza–, no tuvieron en cuenta la sabiduría de las vírgenes sensatas abasteciéndose más. Quizá si, quizá no te parezca este consejo: pero cuando se trata de gastar, aumenta un poco más tus ingresos. Se sabio, se prudente.

Cuando fui empleado defendía a capa y espada mi estatus de esclavo, porque no quería reconocerlo. Pero fue una de las razones determinantes en mi decisión de no trabajarle a otro y ser mi propio jefe y empezar gozar mi libertad en todo. Lamentablemente muchos continúan aguantando porque no se permiten creer en otras posibilidades –como por ejemplo– **en el mercadeo en red**. Se necesita una mente relajada para tener mayor control y lograrlo: la fe lo hacen posible. El empleo es como la ola del mar que por temporadas esta rebosante y por temporadas de hunde a lo más profundo de la pobreza. Por eso te urge tomar el control de tu dinero.

Y existe la posibilidad de que puedes salir de este mar de aflicción antes de que te toque. Aquí la idea más genial y práctica:

El triángulo R: Riqueza.

Es el triángulo financiero que **más amo** yo, porque me direcciona al lugar correcto. Aquí sus amables beneficios:

1. **Quedarte en casa y hacer que tu dinero trabaje por ti.** Y lo mejor: darte tranquilidad y paz financiera interior.
2. **Trabajar menos horas.** Si en los empleos laborábamos por hasta 8, 12, y 24 horas, nuestra nueva regla será de 4 o 5 diario. Una gran ventaja y un maravilloso

descanso físico y mental. Más alegría y mucha vida.

3. **El dinero es tu empleado.** ¿No te parece fantástico este concepto? Asi que, trabaja si quieres.
4. **Posibilidades enormes de poseer una mejor salud mental y física.**
5. **Control total de tu vida, mayor seguridad.**
6. **Trascender en todo lo que haces y de quienes te rodean.** Puedes influir a otros. Poder de atracción.
7. **Las posibilidades de descubrir el mundo sin límite.**
8. **Pertenecer a una comunidad de líderes que transforman vidas a través de su economia personal, profesional y empresarial.**
9. **Lograr hasta lo inimaginable** (si crees: fe) **Pues el dinero entrega ese poder.**
10. **Sentirse disfrutando los resultados viendo y que la vida con dinero cobra mayor sentido.**
11. **Protege mejor a tu familia en todo aspecto y les ofrece un mejor futuro.**

Fe, cree, expande tu imaginación. Si lo imaginas, crees y se vuelve realidad.

Diezmo: La regla financiera 10/90

Traed todos los diezmos al alfolí y haya alimento en mi casa. Probadme ahora en esto dice Jehová de los ejércitos, sino os abriré las ventanas los cielos y derramare sobre vosotros bendición ***hasta que sobreabunde****; reprenderé también por ustedes al devorador* (malos hábitos financieros de la pobreza) *y no destruirá el fruto* (sus riquezas) *de la tierra, ni vuestro fruto* (buenas obras) *en el campo (la cuidad) será estéril, dice Jehová* (Dios del universo).
– Regla financiera Judía.

Nuestros ancestros han usado por generaciones esta regla porque comprendieron la influencia del mundo espiritual. Quizá sea la regla financiera más antigua e importante del mundo que necesites prestar atención, y, hasta donde sé, data de 2, ooo años de antigüedad A.C. y digo: antes de Cristo, para que no digas que pretendo obligarte a entrar alguna religión.

No es mi intención hablarte de religión, sino de espiritualidad. **Espiritualidad no es lo mismo que religión.** Asi que ya lo sabes; me gusta ser respetuoso de la libertad de culto.

Yahvé –*Dios de los Judíos*–, que traducido para nosotros es Dios, fue el creador de esta regla.

Por muchos años hasta hoy los israelitas han creído en la promesa de su Yahvé (Dios), que habría de bendecirlos y volverles multimillonarios si ellos cumplían de todo corazón esta regla. Ahora, los mayores propietarios de la riqueza global son los judíos y sus descendientes ¿verdad? Como veras, no vengo hablarte de religión. Talvez estés pensando en el conflicto religioso entorno a esta regla, pero creo es bueno conozcas un poquito de contexto.

"Espiritualidad, no es lo mismo que religión."
— Moisés Emanú.

El problema es que se le ha dado ese tinte religioso surgiendo allí el debate, de que al mezclarlo con religión, **se termina adorando al dinero como si fuera un dios** aunque no lo es, y por esa razon, se dice: *´´Ninguno puede adorar a dos dioses, porque amara a uno y aborrecerá al otro.´´* En realidad lo que está diciendo, es que el dinero **no es un dios** y que **no debemos** asociarlo a credos religiosos. Esa es la solución, fin del conflicto. Obvio, cuando lo mezclas, entonces entras en debates mentales, de si quedarte con tu Dios o con el dinero. Y lo que es obvio, muchos eligen a su Dios creyendo que es la opción sabia. Espérate. No te apresures, déjame explicarte. Lo tremendo del asunto es que, cuando decides quedarte con tu Dios, aparentemente lo tienes todo; y por favor, no me malinterpretes, voy explicarlo.

Cuando decides no saber nada de Dinero, por elegir a tu Dios, es como si decidieras tambien no saber nada de tu Dios, porque de Dios proviene el dinero ¿lo ves? Por eso dije que cuando decides solo escoger a tu Dios y dejar de lado al dinero, aparentemente lo tienes todo, y, lo que haces, es rechazar a ambos. ¿Por qué?

Dime ¿Qué harás cuando tu Dios te presente oportunidades millonarias? Porque de seguro le pedirás te prospere ¿cierto? Lo obvio, lo abras rechazado porque creíste correcto **que solo** eligiéndole a EL, harías lo correcto y porque creíste en el mito ´´millonario´´ de: *´´Prefiero a Dios porque él lo tiene todo´´*, pero EL PROBLEMA fue que te cerraste mentalmente a toda posibilidad de dinero. Entonces ¿Cómo hará tu Dios para enriquecerte si te cerraste ante toda posibilidad de libertad financiera? *´´Prefiero a Dios porque él lo tiene todo´´* parece ser un dicho sabio, pero NO LO ES y resulta ser un engaño **cuando te cierras frente a toda educación**

financiera. Por eso fue crucial preguntarte **¿Cómo haría tu Dios para prosperarte si te has cerrado ante toda posibilidad de riqueza?**

Lo que Jesús estaba tratando de enseñarles a los personas de aquellos tiempos (y de hoy), es que aprendieran a administrar a ambos activos cada uno por su lado. Si mezclas al dinero con religión, obvio que terminas viendo como dios al dinero; lo cual es un grave error. Pero si los administras por separado (al Cesar lo que es del Cesar, y a Dios lo que es Dios), entonces, fin del debate entre Dios y el dinero.

"Entonces ¿Cómo hará tu Dios para enriquecerte si te cerraste ante toda posibilidad de libertad financiera?"
– Moisés Emanú.

Para mí, Dios tuvo que permitir en el año 2014, una fuerte crisis financiera al grado de decirle: ***´´Dios, si voy a vivir asi, mejor llévame´´.*** Y te lo digo, yo estaba preparado para irme pues pasaba por uno de mis mejores tiempos espirituales. Pero fue suficiente ese grado de consciencia para EL, que yo aprendiera la lección de no aborrecer al dinero y cerrarme ante toda posibilidad de riqueza. Fue allí como todo cambio.

Lamentablemente, quienes enseñan de este tema en las iglesias, son neófitos (ignorantes) aprovechando y abusando su autoridad de delegados por Dios. Yo había crecido con ese error de: ´´Prefiero a Dios porque él lo tiene todo´´ cerrándome ante toda posibilidad de éxito financiero. Por suerte y gracias a este libro, posees la solución y manos a la obra financiera.

No puedes, no debes cuestionar a un mortal por querer **ser rico** cuando sabes –porque lo sabes– que Dios **NO ES POBRE**. ¿Por qué las religiones impiden a sus seguidores de ser ricos? Aquí está la respuesta: porque se han acomodado recibiendo su salario de los diezmos y usándolo en deudas sometiendo a cargas pesadas que sus feligreses no pueden llevar. Porque ellos no son financieramente libres a causa de sus deudas, creyendo que es correcto endeudarse por la fe solo porque es para su Dios. Tú no puedes avalar lo incorrecto (la deuda) por fe, porque la fe **no opera** bajo lo incorrecto. Por eso si tu pastor está haciendo lo incorrecto en cuanto al uso de su autoridad y dinero, **tú no tienes por qué apoyarlo** (porque hechor y consentidor la misma maldición de aflicción) y estas en lo correcto porque tienes libre albedrio autoridad que tu biblia te da, y porque sabes que los principios de la riqueza verdadera (la fe) NO OPERA bajo principios del error (endeudarse por fe) menos si usaras esas deudas para gastar el dinero en cosas que no producen dinero.

El problema de la gran mayoría de las religiones es que no han entendido los principios correctos del dinero y por eso caen y fracasan. Y tampoco permitas te derramen maldición porque hay algunos lobos allí vestidos de ovejas. No era mi intención hablarte de espiritualidad religiosa, pero era necesario que lo supieras, porque estos han influido enormemente en las daciones financieras de muchos y su mensaje venenoso e ignorante aún se expande. Ahora tú ya tienes **conocimiento correcto** (no verdadero porque todos dicen tener la verdad), para que puedas defenderte.

Si el creador del universo NO ES pobre, no tienes que sorprenderte que un rey de este planeta tenga palacios de oro y un rico como el Sr. presente Donald Trump, tener un jets bañado en oro. ¡YA BASTA! De ese engaño llamado: "El evangelio de la prosperidad". No existe. Eso es falso. **Sacado de un montón de egoístas que creen que Dios es uno como ellos. Los principios de la riqueza verdadera NO ESTAN basados en el egoísmo.**

Los principios de la riqueza y el dinero, se basan en un **espíritu colaborativo.**

Quiere decir, que lo que esta regla 10/90 trata de hacer y enseñarnos, es que logremos desarrollar la capacidad interpersonal de ayudar a otros, para enriquecer en verdad nuestro ser y mantener finanzas sanas hasta la eternidad incluso aunque parezca wow.

El secreto de la riqueza verdadera, empieza de adentro para afuera, porque no es lo que das, sino COMO lo das; y eso es realmente lo que cuenta. Muchos no lo practican. Pero si cierras tu corazón en apoyar ideas de quienes no tienen resultados, estas siendo egoísta, y no eres rico: eres pobre.

Por ello desafío al sistema financiero tradicional y todo lo que tenga que ver, y comprobar con hechos reales usando todos los frentes. No me explico cómo alguien que necesito la ayuda de muchos puede aconsejar egoístamente: *´´Ten cuidado de quien recibes consejos. Yo solo sigo a quienes estan donde yo quiero estar´´.* Esta regla financiera 10/90, dice que sobre NO ESTA basada la riqueza, sino sobre la base de la unidad. Si el creador del universo pidió a su pueblo Israel que llevara los diezmos, fue para ellos comprendieran que los verdaderos principios de la riqueza se fundamentan sobre la

La economia colaborativa. Pero además guarda un gran secreto: para no dar lugar al egoísmo lo cual es igual a avaricia y un concepto de riqueza dañina. Por supuesto debes escuchar y saber elegir.

Gran parte de la pobreza y la falta de dinero en los hogares del mundo, se debe principalmente a estas tres situaciones:

1. **Desorden.** No hay organización, no se lleva un **control** tecnológico o por escrito (El presupuesto) de lo que entra y sale.
2. **Poco control interpersonal.** Gobiernan las emociones.
3. **No hay planificación.** No se sabe a ciencia cierta cuál el propósito que motiva salir de la pobreza, hay confusión, o existe una motivación equivocada. **No hay un plan de accion tipo ´´A´´,** porque siempre optamos por un plan B. El plan B es como si dijéramos: "mañana". Es igual a procrastinar (dejarlo todo para después). El plan B es para los débiles, quienes dejan todo al destino o la suerte.

Consecuentemente las personas realizan las siguientes declaraciones debido al menor grado de importancia que le dan al dinero:

- **El dinero es vanidad** (proverbio cristiano). No me cabe ni la menor duda que el dinero es vanidad, pues tan solo un papel que hoy es y mañana no es. Tiene validez pero por una ley gubernamental y una persona que le toma como valor. Pero no es causa para decir que "es basura, que no lo necesito, que es un mal, etc. " Sencillamente declaramos falta sabiduría y de mucha ignorancia. La ignorancia no prospera. Produce más y más dolor.

- **Para que el mundo sea tal cual, es necesario que haya ricos y pobres.** No es necesariamente cierto. Incluso si todos fuéramos ricos y nadie fuera empleado y las maquinas reemplazaran al empleo, aun asi hubiera intercambio de mercancías. Pero en realidad −en el fondo− quienes se apropian de esta declaración, es que no quieren aceptar que lograr rico, implica ser colaborativo. Y te quedes pobre y conformista.

- **No me des pobreza ni riqueza, mantenme del pan necesario** (proverbio popular cristiano). Está claro que somos y tenemos conforme a la medida de nuestros pensamientos, y, si pedimos poco, el cielo poco nos dará. El universo no se complica. Si quieres vivir según este dicho, pues yo no soy quien para impedírtelo. Al final tú mandas. Pero mi misión es mostrarte y en relación a los tiempos cambiantes, que tal dicho invoca a la pobreza y la aflicción por tres razones:

a. *Los constantes cambios económicos* (devaluación de la moneda) *genera cambios en la economia personal y eres el más afectado.* Porque el gobierno lo que hace es subirle a todo y ya.

b. *Con los vaivenes del petróleo, todos los insumos básicos: luz, agua, pasajes, comestibles, combustibles, etc., se encarecen, y tu bolsillo es afectado.*

c. *Consecuentemente el costo para sobrevivir se vuelve cada vez caro y no alcanza.* Asi es falso de que: ´´No me des pobreza ni riqueza, mantenme del pan necesario´´ porque eso no sucede. Es lo difícil de vivir en el **Triángulo P: pobreza.**

- **Trabaja duro y serás muy rico** (dicho popular tradicional). Crecí en una familia donde todos trabajaron muy duro para lo que tuvieron. Lo curioso es que **no lograron ser ricos.** Quien como mi abuelo que trabajo palmo a palmo con el machete en el campo en la siembra. No podría aconsejarte trabajar, pero lo que sí podría decirte: Trabaja con propósito. Mis abuelos trabajaron muy duro pero sin propósito. El propósito es lo que hace la diferencia. Sin ello trabajaras en vano.

Es por eso que el **Triángulo Económico de la Vida (TEV)** el sistema creado para ayudarte a *comprender mejor* donde te encuentras en el juego del dinero y la razon que explica ***porque*** se vuelve tan difícil enriquecer aun con el mejor plan financiero y la razon de porque unos se vuelven más ricos y otros no, y hacia donde necesitamos dirigirnos, es el más facil, rápido y efectivo para alcanzar tu libertad financiera.

Evitar que el dinero me sea un mal, y la regla 10/90 del dinero puede ayudarlo.

Primero, es entender que nuestro propósito de riqueza no este centrado en el dinero, sino en tu

Vida. De ese modo adiós a los males, adiós a los problemas de dinero, adiós a los dolores y adiós al temor de perderlo (si sucede), pues ya conoce el camino.

Segundo, no debes y no tienes que mezclárselo con religión. Madures ante todo, requiere madures (capacidad de dominar cada cosa, cada asunto, cada tema, cada situación por su lado). Esto es poder de administración.

Porque la regla financiera 10/90.

1. Porque nos ayuda a desarrollar la habilidad de **organizar** mejor nuestra vida: **control, orden**.
2. Nos permite ser **mejores seres humanos**.
3. Nos da la capacidad mental y física para **ayudar a otros**.
4. Desarrollamos la habilidad de la **bondad**.

Que beneficios obtengo de practicar esta regla.

1. **Liberación de las preocupaciones presente y futuro.**
2. **Liberarse del apego.** La capacidad mental de no tener miedo a perderlo todo porque sabes dónde se centra el poder para hacer riqueza: **en ti.**
3. **Evitar amar al dinero.** Lo que significa

un sano aumento de dinero.

4. **Disfrutarlo.**
5. **Desarrollar carácter.** Sabiendo que las riquezas NO SON para lo débiles, sino para los fuertes.

Calcular la regla 10/90

1. Tomará como base su salario.
2. Multiplica por el 0.10 en tu calculadora y clic en la tecla igual (=). El resultado será el porcentaje que necesitas asignar a tus propósitos financieros.
3. Haz tu lista –presupuesto–.

Un sencillo ejemplo

Ingresos $500 x .10= $50

Lista Presupuesto

Fecha: 30 Ene   Ingresos: $500.00

Nombre	**Cantidad**
Ahorros.................... $	
Combustible/pasajes.......$	
Deuda (fulano).............. $	
Alimentación................$	
Su creencia/religión.........$	
Practicar la bondad......... $	
Etc.	

Quiero decirte que este método fue el que me llevo a ser libre de las deudas. Me ayudo a reorganizarme y tomar el control. No imaginas cuanta paz interior gane.

Sin reglas no hay éxito. Peor sin control.

Confié en el universo –Dios–

Dichoso el hombre que en DIOS confía.
– Libro La Biblia.

Cuando las tempestades de la vida nos llegan, cuando todo parece que ya no hay remedio y cuando los recursos se agotan, es cuando usualmente nos conformamos, flaqueamos y se hace difícil confiar en nuestro creador. A todos nos ha pasado. Pero a la vez, delata, de **que información estamos hechos**, y algo muy profundo dentro de nuestro ser: **el carácter.**

Allí, en ese tiempo preciso, es que somos benditamente como obligados a un último recurso: **la fe, la esperanza**. ¿Has escuchado decir: la esperanza es lo último que se pierde? **Es fe, y es cierto: nunca debe fallarnos.**
La esperanza es lo que aparece en aquellos momentos donde ya no hay salida.

Cuenta una historia cristiana que unos hombres iban en una barca para pasar al otro lado de un rio, y tarde era ya y el color de las nubes se tornaba oscura. Por alguna razon los seguidores Del maestro Jesús se confiaron (como el caso de las vírgenes imprudentes) y llegado la tempestad con toda su furia la barca estaba ya por hundirse.

Uno de sus seguidores, Pedro, amedrentado exclamo: ´´ *¡Señor, Sálvanos! ¿Acaso no tienes cuidado de nosotros que perecemos?* ´´.

–El maestro Jesús entonces les dijo: *¿Por qué tienen miedo, hombres de poca perspectiva?* Y levantándose el maestro reprendió a los vientos y al mar (secreto espiritual), (Enfrento con optimismo, valentía y fe, la crisis) **y se hizo grande bonanza**. Los seguidores de Jesús se maravillaban de tal poder, diciendo: ´´ *¿Qué hombre es éste que aun los vientos y el mar le obedecen?* ´´

Esta historia para mi me es realmente es magistral. La capacidad de la inteligencia emocional financiera. Tan poderoso como inhalar profundo aire y dejarlo escapar lentamente por la nariz sintiéndolo. ¿No te parece sorprendente? La mayoría nos asustamos en medio de las crisis, pero la mente más brillante de todos los tiempos de las finanzas personales, Jesús, no se alteró.

¿Quién diría que **la calma** es un poderoso activo financiero? ¿Quién diría que esta es una cualidad millonaria que necesitamos desarrollar? Eso se llama:

amarrarse los pantalones, enfrentar nuestros miedos, no dejarnos arrastrar por el estrés y la ansiedad de los problema, y resolverlo con la mejor actitud.

Una cualidad distintiva de los hombres y mujeres que tienen éxito, **es que saben controlar sus emociones y tener paz mental**; aun en medio de la tempestad. Era por eso que los seguidores del maestro Jesús se maravillaban de sus habilidades ricas. Vamos conocer algunas de ellas:

1. **Nunca se permitía que el problema fuera su yugo, sino EL ser el yugo del problema.**
2. **Nunca dejaba que su problema tomara control de él, sino EL tomar el control y permitir que su carácter lograse desarrollarse mucho más.**
3. **Siempre mantenía calma mental.**
4. **Su inquebrantable actitud de tranquilidad, le daban el poder mental y las palabras exactas para declarar con su boca y atraer el éxito.**

5. **Un problema para él, no era problema, sino una oportunidad.**

¿Cómo te parecen estas cualidades millonarias?

Leyendo más profundo esta historia, se dice que el maestro Jesús se encontraba **durmiendo** en medio del problema de la tempestad. ¿Qué secreto guarda esta actitud millonaria? Y ¿Quién en su sano juicio, puede darse una siesta mientras tiene un problema encima?

Ese es el gran secreto de los exitosos en el mundo de las finanzas, porque saben que un corazón angustiado, no es capaz de resolver un problema, sino agravarlo. No porque des lugar a la pereza, sino porque sabes que la inteligencia emocional financiera, se haya en el hecho de tomar las cosas con calma.

Parece ser que enfrentar el problema financiero con estrés y desesperación, sea la forma correcta, pero no. La mayoría actúan como el discípulo Pedro, pero los inteligentes financieros como tú y yo, desarrollamos la cualidad rica de la calma.

Hubo un libro que me cambio la vida:

La batalla de la mente, de la escritora Joyce Meyer. Yo era uno de esos, como los discípulos de mi maestro Jesús, que exclamaban: *´´y esta situación, cuando va cambiar´´*. ¿Te suena familiar? Un estrés bárbaro el que me venía y agotado física y mentalmente. No me daba cuenta que con esa mala actitud no veía la luz, no veía **la oportunidad en medio del problema.** Pero llego a mi este libro y aprendí, y desarrolle esta cualidad millonaria, la capacidad de estar en calma en todo momento; y no voy a decir que los problemas no me abruman, claro que sí. Pero me hice del hábito por más de varios dias (21 en total) y asi pude vencer la crisis financiera que me llevo a desarrollar este ser financiero que tu lees hoy, y lograr riqueza espiritual y enriquecerme monetariamente mientras ayudo a otros, como a ti, a lograrlo.

Tú no tienes por qué sumar con aflicción y estrés al problema que ya tienes agravándolo más. Necesitas ser **un ente de cambio**, de resolución. Porque si no eres tu entonces ¿Quién? ¿El universo (Dios)? El universo Dios solo pueden presentarle las oportunidades ricas monetariamente y espirituales, pero es tu eres quien necesita resolverlo.

"No me daba cuenta que con esa actitud no veía la luz, no veía la oportunidad en medio del problema."
– Moisés Emanú.

No quiere el cerebro resolver un problema cuando el estrés le agobia. Nadie puede resolverlo. Por ello el maestro Jesús tenía que estar mentalmente tranquilo en total relajación, porque sabía que esta es la forma correcta, sabia e inteligente. Y asi lo logro, y asi es como se logra controlar todo lo que sale de nuestra chequera: **con absoluto dominio, control y sin miedos.** No se puede adquirir confianza, certeza y fe, sino estamos mentalmente en calma.

Quien como los problemas **para ayudarnos** a ser exitosos. Quien como las crisis **para ayudarnos** a descubrimos y sorprendernos de nosotros mismos. Yo no sabía que en mi estaba guardado la habilidad de escribir; una industria de más de 1,000 millones de dólares. Asi que el universo me revelo esta cualidad millonaria, para tambien hacerme de un pedazo de ese rico pastel. Y no fue sino hasta que tuve vivir aquella crisis al borde de la muerte, que empecé a confiar en el creador. Hoy puedo decir confiada-

Mente con fe, que soy libre financieramente.

Hasta que yo tome **conciencia**, de mi segunda necesidad **(el dinero)** después de la confianza en el creador por supuesto, fue que el universo vio que estaba preparado para partir de mi triangulo de pobreza **(el triángulo P)** e ir tras mi prosperidad **(el triángulo R);** y fue entonces que el universo me dio la herramienta multimillonaria y el tiempo; y ya soy yo quien debe desarrollarla y vivirla fantástico. Hoy puedo decir, con prudencia, que he logrado lo que era impensable para mí. Tú no debes abrumarte en tu situación. El solo hecho de tener un día de vida, ya es un logro de riqueza increíble ¿Qué harías sin él? ¿Qué harías sin este activo millonario llamado día? Solo necesitas por en práctica estas ideas y tu vida cambiará desde el primer día que los adoptes como parte de tu vida. Yo lo hice y me transformó.

Como podemos confiar en el universo –Dios–

Confiar en Dios no es quedarse de brazos cruzados y dejar que todo caiga del cielo; eso sí: todo con calma: *con inteligencia emocional financiera.*

Carl Rehnborg, químico de profesión, fundador de Nutrilite, quien era representante (antes de fundar su compañía) de un fabricante en china al estallar la guerra civil de 1920, quedo preso en un asentamiento extranjero de Shanghái. Durante un año al verse en la terrible situación de pasar por hambre (una dieta de arroz y agua), suplía sus raciones haciendo sopa de plantas (heno o zacate), incluso de clavos oxidados por sus propiedades altas en hierro, experiencia le dejo profundas enseñanzas sobre el valor de los alimentos nutricionales que cuando regreso a Estados Unidos uso su entrenamiento y su experiencia accidental (o causal) y uso su conocimiento para desarrollar suplementos alimenticios. Fundo la empresa que para el entonces fue llamada **California Vitamin Company**, y después sería llamada –hasta hoy– con el nombre de **Nutrilite Products Inc.,** allá por 1934.

Entonces recluto personas para que vendiesen sus productos los cuales, recibían comisiones por sus ventas directas de productos así como por conseguir que otros se conectaran a la compañía y recibir ingresos por ellos y por sus asociados hasta el infinito en sus líneas descendentes. De esta forma, busco beneficiar equitativamente a todos con el esfuerzo de

Todos, **y nunca** esta original idea del mercadeo en red tenía que ver con algo semejante a una pirámide o cosa que se le parezca. Siempre fue y ha sido el espíritu financiero de la Economia Colaborativa donde todos se benefician. Pero permíteme decirte que tales dichos solo han sido inventos excusatorios de muchos que lo intentaron y por no comprender en qué consistía el modelo de negocios fracasaron; porque nunca les gusto una riqueza basada en la unidad, en otras palabras personas con el conocimiento equivocado sobre lo que es riqueza y dinero; algo que hemos venido hablando aquí. Esta es la historia original, real, del surgimiento del mercadeo en red; un modelo de negocios muy poderoso y que yo recomiendo. Y asi el Dr. **Carl F. Rehnborg**, logro su éxito.

¿Quieres volverte MUY RICO?

Sencillamente solo tienes que inventar una idea o pertenecer a una como la antes dicha y confiar en el creador.

¿Cómo lo logró Dr. Carl F. Rehnborg? Lo hizo confiando en su universo Dios, y en las habilidades que el habían enseñado y formado por su crisis. ¿Estás en crisis? Felicidades, tienes allí una idea millonaria; piensa y pregúntate ¿Por qué esto y para qué? Entonces te encontraras en

El propósito de tu vida que casi siempre va encaminada a beneficiar a alguien más luego a ti, como lo fue el caso de Carl Rehnborg. Estos, son verdaderos principios millonarios. Hoy por hoy, el sistema de negocios del mercadeo en red es uno de los activos multimillonarios más poderosos y de muy buena y efectiva forma de alcanzar la felicidad y libertad financiera. Puedes lograrlo solo si lo entiendes en realidad de que se trata y hacerlo sin complicaciones (como ya lo hemos dicho), y hacerlo **correctamente**. Contáctame si quieres lograrlo correctamente y ayudarte a tener resultados maravillosos. Espero verte disfrutando conmigo en las playas del mundo.

Dos son mejor que uno, porque tienen mejor paga y se poyan. – Proverbio antiguo.

Ser exageradamente realistas no ayuda que logremos nuestros objetivos financieros solidos a largo plazo. Muchas veces es necesario **creer por cosas que aún no se ven** (como el caso ejemplar de Steve Jobs, creo un mundo de computadoras para la oficina y el hogar **que no existían** y asi se volvió sumamente rico).

Muchas veces es el caso de mejorar algo existente (como lo fue mi caso de reinventar el

Mundo de las finanzas). Pero es necesario tener fe, **creencia**. Pero cuando somos exageradamente realistas, impedimos la fe, y al Creador del universo actuar a nuestro favor darnos nuevas oportunidades millonarias o la idea de reinventar una industria; no sabes lo que le espera a la industria de los libros en formato electrónico con mi invento.

Tu puedes y lo estas logrando. Porque las mejores oportunidades se presentan en los tiempos de ´´vacas flacas´´, en las épocas de tempestad, necesitas ser capaz de discernir esas oportunidades de riqueza.

Así como el hombre le es difícil vivir sin su compañera, de la misma manera es necesario tu creer en el creador; no es religión: es espiritualidad.

´´En la vida existe una sola verdad absoluta: Nuestra felicidad depende de nosotros mismos. Pero para poder vivir una vida a pleno, debemos ser libres. Y para ello, alcanzar la libertad financiera es el primer paso, ya que nos ayuda a enfocarnos en lo que realmente nos hace felices. Y ser felices es nuestra obligación.´´

– Héctor Rodríguez Curbelo.

Dichoso (muy prospero, RICO, multimillonario, lleno de tranquilidad y seguridad) es el ser humano que en el creador confía.

Aprenda la lección, no vuelvas a caer

´´La liebre se burlaba de las patas cortas y de la lentitud de la tortuga. La tortuga dijo a la liebre: ´´Puede que seas muy veloz pero estoy segura de poderte ganar una carrera”. *Sorprendida la liebre aceptó el reto.*

Llegado el día de la carrera la tortuga no dejaba de caminar a paso lento. La liebre corrió, corrió y corrió muy rápidamente y al ver seguro su triunfo casi llegando a la meta, decidió echarse a dormir un rato. Poco después la liebre despertó y vio a la tortuga llegar a la meta y ganar-´´.

–Fabula

Esto vemos suceder muy a menudo. Cuando por fin llegamos a la meta o estamos cerca de ella, **nos confiamos** demasiado creyendo nada sucederá, pero de pronto, el fracaso llega.

Le sucede muy repetido al emprendedor, al empresario, a quien quiere alcanzar su libertad financiera. Una vez logra enriquecerse está tan confiado de su crecimiento económico, que opta muy rápido por un estilo de vida ostentoso como si el dinero no le fuera acabar. Sabemos de estas típicas historias de fracaso en Latino America, en Brasil, por ejemplo; o el caso Lehman Brother, una compañía de servicios

Financieros que quebró en 15 de Septiembre de 2008. Esto por darte algunos ejemplos de excesiva confianza sin precaución. Nada es oculto que no se sepa tarde o temprano.

Al haber ese exceso de confianza sin precaución, se cometen los siguientes errores:

1. **Olvidar que la riqueza y la pobreza son un estado mental, no se trata de dinero;**

Es de acuerdo a la información que lo formó. Como prueba de esto, conozco particularmente un caso que fue muy sonado en mi país. Era una de las familias (por cierto judías) más poderosas del sector bancario. De pronto el gobierno arremete contra ellos y lo perdieron todo. Fue, exceso de confianza.
Si sabes que tu país es gobernado por malhechores, no tendrías tu fortuna allí, la tendrías lejos. Porque la pobreza o la riqueza, no son un estado físico: **son un estado mental**. No es cuánto dinero tienes, sino que tipo de información lo maneja.

2. **Y por supuesto la consecuente de la anterior: el exceso de confianza.**

Tal como sucedió a las vírgenes imprudentes y a

la liebre.

Con estos, que yo les llamo activos financieros mentales, puedes elevarte a la cúspide del éxito financiero, o ser humillado hasta lamer tierra. Una vez se adentres en este mundo, tu misión será mantenerse en constante crecimiento o renovación mental. **Recuerda que no todo está dicho.** Y para darte un ejemplo de esta verdad, mira lo que dice cierto ´´erudito´´ y te revelare la otra cara de la moneda, mira lo que dice:
"Ten cuidado a quien pides consejos. Yo recibo consejos de personas que estan donde yo quiero estar".

Aparentemente es un consejo sabio, se entiende y tiene su cierto sentido lógico. **PERO** no muestra **la otra cara de la moneda** y agárrate bien porque ahí te va**: que si rechazas** –por ejemplo– **el consejo de alguien que no tiene resultados, LO CONDENAS A VIVIR EN POBREZA,** y, seguro que **a ti** te encantaría compraran tus ideas ¿no? Para lograr esos resultados ¿cierto? Sera entonces que el verdadero rico ¿Querrá condenar a la pobreza? ¿Será que un verdadero rico querrá **ser egoísta** diciendo: *´´Cómprame solo a mí, y a otros no´´*?

Seguro ya debes porque esas personas dicen eso. **Te lo diré, y cambiará tu forma de ver el tema del dinero y las riquezas:**
R/= Porque centran su enseñanza EN LO PERECEDERO. Pues te hablan de resultados ¿no? De cosas materiales, visibles, cosas que perecen. Porque yo no podría aconsejarte que escuches consejos solo de mí y de los demas no porque sería egoísta y te estaría fundamentando sobre el error. Ahora ya sabes que ellos hablan de afuera para dentro y de dentro para fuera. No te hablan de la calidad de persona en la que necesitas convertirte.

No sé tú. Tú eres quien tiene la última palabra. Mi deber es guiarte a los principios sanos y correctos, donde con pruebas sencillas sobre la veracidad de lo digo puedes comprobar y he aprendido de una de las mentes más brillantes de la historia humana. No me juzgues por tener acceso a uno de los textos antiguos de la mente más brillante del dinero y la riqueza (antes que Kiyosaki entre otros) y enseñarte esos principios digeribles a tu entender; y no me malinterpretes.

Pero ¿Sera que los fundamentos de la riqueza estan orientados al egoísmo (que es pobreza) y no a la economia colaborativa? ¿Ya intentaste que esa persona te compre tus ideas? ¿Ya comprobaste si son realmente ricos? No caigas

En la pobreza de la excusa de que no pueden venir ayudarte hacer tus sueños realidad. Contáctame y te enseñare que es ser realmente rico y hare realidad tus sueños. Te reto, vamos ¡hazlo! Visita mi página en Amazon https://www.amazon.com/Moises-Emanu/e/B01LVZCJQI y únete a mi **Reto2019-1m: 1 millón de nuevos ricos**. Conoce las bases, pregúntame como, para comenzar y transfórmate en **un nuevo RICO**.

Esa es la base fundamental sobre la riqueza y dinero. Al final del dicho al hecho hay mucho trecho. Pero eso es lo que me hace a mí ser diferente; y me parece que la mayoría de los que enseñan sobre riqueza y dinero, se quedan en el dicho y NO SON capaces de demostrarte que pueden convertirte en rico. Y si yo lo voy hacer contigo es porque poseo un plan sabio e inteligente para ayudarte a lograrlo. Decidí no quedarme en el dicho ni en el trecho sino llevarlo al hecho, si realmente quería revolucionar el mundo de las finanzas.

Y si tu solo lees esta guía transformadora y no actúas, no soy responsable de que no tengas resultados. Felicito a mi primer amiga Stefany que se ha unido a nuestro reto y muy pronto conocerás de ella.

Mi misión es revelarle los aspectos esenciales, correctos, verdaderos y reales sobre la riqueza y dinero.

Consecuencias de solo recibir consejos y seguir a quienes tienen resultados:

1. **Pierdes un posible cliente.** Cuando alguien (quien sea) te da un consejo no te está diciendo que lo hagas. Es para que tu armar el rompecabezas.

2. **Lo condenas a vivir en pobreza lo cual, es muy egoísta de nuestra parte.** Un verdadero rico, NO ES egoísta, sino rico en TODO.

3. **Pierdes una posible fuente de riqueza didáctica.** Ósea que pierdes de aprender de los demas. Aprender es de los humildes, y de los humildes es la riqueza, la admiración, y largura de años de vida.

4. **Basas tu concepto de riqueza y de dinero sobre cosas perecederas.** Y si el dinero y todo lo material lo pierdes ¿Qué será de ti? Pues probablemente lo mismo porque basaste tu concepto de riqueza y

Dinero sobre lo PERECEDERO. Pero yo te doy un consejo más sano:

´´Escucha a todos, porque en la multitud de consejeros hay dirección sabía. Finalmente, tú decides´´.
– Moisés Emanú.

Eso es lo que yo te enseño hoy, una economia basada en la unidad y la armonía. He aprendido mi lección.

´´Las cosas de este mundo pasan y perecen, pero el conocimiento (para volverse rico) permanece.´´
– Moisés Emanú.

Qué aprendió la liebre y las vírgenes imprudentes

Que el exceso de confianza nunca es bueno. Que subestimar a los demas por cualquier razon sin considerar sus capacidades, tampoco es bueno. Que ganar una carrera no es cuestión de que las podemos todas: **se trata de precaución y humildad.** Que la jactancia y la imprudencia no logran riqueza menos felicidad. Que sin humildad no hay aprendizaje y sin aprendizaje no hay dinero. Una persona que cree que todo lo sabe, es sinónimo de soberbia, ignorancia y pobreza, que pronto se manifestara en lo real. Que un fracaso no es un fracaso, si aprendemos la lección y nos preparamos para nuevas oportunidades. A potenciar el alma, nutrir la cabeza de buen conocimiento, ser precavidos, anticiparnos a las posibles dificultades, guardar para "mañana" por si llega, producir nuestra propia suerte haciendo lo que nos toca, provocar nuestro éxito y contentamiento, para disfrutar con tranquilidad de las fiestas de la vida con salud, paz, gozo y dinero. Que poder renunciar al espíritu de pobreza necesario disponerse para trascender. Que los cobardes no logran las riquezas sino los valientes. Que la pereza no logra nada. Que somos responsables de nuestros propios actos. A entender y adquirir consciencia sobre lo que hacemos hoy porque será el resultado de mañana. Que la mejor forma de esperar ser pacientes es encontrar nuestro propósito en la vida nuestra pasión, y que la disciplina se forma de manera natural. Que una lista presupuesto es la manera más sencilla pero poderosa para controlar nuestro dinero y ya no sufrir por falta de él. A creer en una fuerza espiritual más poderosa a nuestras capacidades y que no garantiza el éxito pleno. A comprender la segunda necesidad después del creador, el dinero, para alcanzar nuestro éxito financiero. Y que las lecciones de la vida son duras **pero necesarias** y nos hacen tocar fondo, para prepararnos y vivir en riquezas.

Plan de Accion Rápido.

Dice el refrán: *´´del dicho al hecho, hay mucho trecho.´´* Pues bien, vamos a la accion. **Tus primeros resultados y disfrutarlo en tan solo 21 dias.** Este método de base científica, logre desarrollarlo en mi persona y mis resultados fueron increíbles. Quiere decir que si tenemos 13 hábitos y lo multiplicamos x21 dias, será = 273 dias. Es decir, que podrás volverte RICO en tan solo **2 años, 7 meses y 5 dias**; recuerda que mi método está respaldado por **mi reto2019-1M: 1 millón de nuevos ricos**; que encontraras en mi página de detalles de Amazon. Vamos a la acción.

<u>**Día 1 – 21**</u>**: Disponerse dejar la miseria y la pobreza: trascender en la riqueza.** La palabra concreta aquí es: DISPOSICION y DESICION. Cuando te sientas a malgastar tu dinero, recuerda: disposición, dejar la pobreza. Del día 1 al 21, declararás verbal, mental y frente a tu espejo, esa **disposición mental y física con decisión**. Empezarás desde hoy por la noche y a la primera hora de la mañana, sea **lo primero** que tú mente haga; hasta que se vuelve una costumbre. Empieza.

<u>**Día 22 – 43**</u>**: Esfuerzo, valentía: dejar la cobardía.** Si ya hiciste el primer consejo, este, no es

problema. Te habrás enfrentado a ti, que es lo más duro, y a quienes te rodean. Eso significo esfuerzo y valentía. Tu reto es practicar la valentía renunciando a la cobardía por 21 dias.

Día 44 – 65: Ser determinado.
Aquí ya no hay vuelta atrás. Ya haz cruzado, vencido y alcanzado un logro increíble sobre los dos retos anteriores. En este punto, quien mira hacia atrás, no es digno de las riquezas que le esperan. Así que, tu meta será practicar por 21 dias **ser definido** (a), no fluctuar, o blanco o negro. En todo lo que haces a diario; como el búfalo que se ***empecina dar de frente*** con fuerza a su oponente hasta que, solo uno, vence.

Día 65 – 86: Escuchar consejos.
Tu misión es desarrollar la humildad y la prudencia. Escuchar aquello aunque lo sepas, pero guardas silencio por ver que más puedes aprender. Lo harás por 21 dias. Recuerda **las tres recompensas de escuchar consejos:**

1. **Riqueza**: sabiduría espiritual para volverte rico.
2. **Honra**: Admiración y honra.
3. **Vida**: muchos años de vida.

Día 86 – 107: Ser paciente.
Recuerda: la mejor forma de ser paciente y además disciplinados, es encontrar nuestra pasión. ¿Qué te mueve a lograr tu éxito financiero? Úsalo y practi-

calo durante 21 dias. Tu porque (tu pasión) es tu fórmula ganadora. Ocúpate en ello y el tiempo pasara muy rápido. **¿En que necesitas ocuparte?** Más tiempo en leer y practicar. Más tiempo al deporte y ejercitarte ya que estarás relax y en tranquilidad. Si vas a ver televisión, hazlo viendo programas educativos. Recuerda la regla 10/90: 90% programas educativos 10% entretenimiento. Puedes ver tus series favoritas. En mi caso son: History, Nat Geo y Animal planet; películas de emprendimiento, tecnología, y 10% de accion; porque me motivan a aprender y relajan. También es importante que tengas más amigos afines a tu desarrollo personal y financiero en las redes sociales, que aquellos que te entretienen. Aplica siempre la regla 10/90.

Día 107 – 128: Dejar la pereza

Sé que la zona de confort es muy atractiva, pero cuando te sientas con pereza, recuerda esta regla. Al ocuparte, y sin haberte dado cuenta, forjaste el hábito de ser activo. Todo este plan está probado para que tú alcances resultados y la felicidad financiera que deseas. Yo fui el conejillo de indias en que fue probado. Que siga la música.

Día 128 – 149: Quienes nos rodean no tienen la culpa.

Aquí tu misión será no juzgar a nadie, desarrollar consciencia de tus actos y responsabilizarte.

Cuando te sientas tentado a culpar a otros, recuerda la regla: *´´Quienes nos rodean, no tienen la culpa´´*. Así que por 21 dias te dirás y también a amigos: *´´Quienes nos rodean, no tienen la culpa´´*.

Día 149 – 170: Lo que hicimos ayer, es el resultado de lo que somos y tenemos hoy.
En estos dias, tu sana preocupación es **reconocer** que tu vida, hoy, es el resultado de lo que ayer hiciste. Aquí que aquí la importancia de **ser conscientes** de lo que hacemos a diario, de lo que pasa en nuestra mente. Tu misión es practicar este hábito por 21 dias. **¿Cómo lograrás dominar tu campo de batalla mental?** Siendo totalmente sobrios.

Día 170 – 191: Consciente de su situación, con fe que cambiará.
Durante estos dias, tu misión es ser una persona **de FE**. Creer en el mas allá. Creer que puedes lograr cosas de la nada. Que para ti NADA hay imposible. No perder la esperanza nunca. **Nunca aceptar las influencias limitantes de afuera.**

Día 191 – 212: Diezmo: La regla 10/90 del dinero.
Tu principal propósito en estos 21 dias, es escribir a TODO lo que entra y sale de cartera, chequera, cuanta de banco, en una lista llamada presupuesto. Pondrás fecha, cantidades y cualquier otro elemen-

to que consideras necesario para ti. Aquí tu reto será **lograr control**. Recuerda: en el orden esta la bendición. Luego, empieza a crear un plan de escape para ponerte a cuentas con tus compromisos financieros. No te adelantes a quererlo todo en un mes de ingresos. Anótalo en tu lista, planifica. Y tambien recuerda que la libertad financiera no solo es un fajo de billetes, es tambien que no tengas deudas y tengas **controlado** lo que entra y sale a tu billetera; no importa en qué nivel financiero estés. CONTROL, eso es, libertad financiera.

Día 212 – 233: Confiar en el universo −Dios−. No olvides que una cosa es religión, pero otra muy distinta es ESPIRITUALIDAD. Recuerda que el creador hace salir el sol para todos, no para una religión. Asi que la fe en él tiene ese carácter libre, de libertad; para todo aquel que se quiera adueñar de este poderoso hábito. No te límites ni permites que religiones quieran sujetarte tu fe a su religión. Lo que digo es que necesitas creer en tu Dios el que sea, y si ese Dios no te responde, cámbiate a uno que si te ayude. Mi Dios, Jesús, por ejemplo, me hizo realidad este sueño. Asi que eres y hazlo por 21 dias. Confía. No olvides el famoso dicho: *´´A Dios orando* (confiar) *y con el mazo* (la accion) *andando.´´* Dale motivos para que te presente oportunidades millonarias (porque él lo hará) y DEBES, con obligación, estar preparado, **alerta**.

Día 233 – 254: Aprenda la lección.

Finalmente, el día esperado por todos; el día en que eres ¡RICO! Después de haber logrado con éxito rotundo la práctica objetiva de estos principios, lo que queda: **nunca jamás volver a la pobreza**, a los tiempos de aflicción. Para ello, y para aprender la lección de lo complicado que fue la pobreza, tu reto es mantenerte en constante aprendizaje. Si. Quiero decirte que a este punto **ya has logrado mucho**. Ahora tu necesidad de mantenerte en constante aprendizaje, YA NO está marcado por una necesidad marcada por la falta de dinero o de otra índole, porque ya lo habrás alcanzado. Ahora para ti es un deleite irte de vacaciones en una casa de verano frente al mar, y leer tu libro favorito. Extasiarte de la belleza de las estrellas, y escuchar el dulce sonido de las olas del mar. Ahora como lo prometí, **tu eBook gratuito** para emprender tu negocio y generar ingresos. Haz clic aquí para descargar. Pero aún hay más: Necesitas unirte a mi Reto2019-1M: 1 millón de nuevos ¡RICOS! Con este reto y el plan inteligente que tengo para ti, lograre recaudar tus fondos que empieces a generar riqueza. Visita mi página en Amazon, luego de comprar de mis libros, tu favorito, envíame captura de pantalla de tu compra, porque ese es tu boleto al reto y así trasladarme a tu cuidad para hacer realidad tus sueños.

Sobre el autor

Moisés Emanú F.

"La razon principal por la que muchos tienen y tendrán dificultades económicas, será **por su falta de consciencia**. Esta inconsciencia lleva a la ignorancia, al no me importa lo que pase con mi vida, al desconocimiento real de lo que en verdad es el tema del dinero, y, consecuentemente, a una vida llena de penurias y pleitos mentales", afirma Emanú.

Nacido el 08 Noviembre de 1984 y criado en cortes Honduras, proveniente de una familia de líderes eclesiásticos, maestros, y músicos. Su padre fue un músico reconocido pero éste muere dejando a Emanú de tan solo cuatro añitos de edad el cual nunca tuvo noción en su mente ni imagen alguna de su padre y nunca lo conoció.

Su madre, por otro lado, luego de la muerte de su esposo empezó a trabajar duro para poder sostenerlos, 4 en total, trabajando en cafeterías y casas ajenas lavando y planchando ropa para llevar lo necesario hasta darles tan solo la educa-

ción primaria. Desde la edad de 10 diez años, creyó en los negocios y solía vender *"topogigios o charamuscas"* como se le conoce en su país a este producto de hielo con leche azucarado para contribuir en la casa y asistir a la escuela; caminar seis kilómetros entre ida y vuelta para aprender leer. Al cumplir sus 18, se empleó en un ingenio de procesamiento de caña de azúcar en su ciudad natal para ayudar a su madre y liberarla de aquellos duros trabajos porque él decía: *´´Madre, algún día usted dejará de trabajar y yo la mantendré y le daré lo que necesite´´*., ese era su sueño hasta emplearse en una maquila años más tarde como Control de Calidad y así lo logró; hasta graduarse del bachillerato en Ciencias y Letras,

se aprestaba para ingresar a la Ingeniería Financiera en la universidad. Las cosas empezaron andar bien en esos años, pero en 2014 comete el peor error de su vida renunciar a su única fuente de ingresos su empleo por influencias, ignorancia e inmadurez, la experiencia que lo marcaria para siempre y un antes y un después en su vida personal, profesional, empresarial, como emprendedor y lo que es ahora. Empieza a trabajar como guardia de seguridad pero es despedido y cae en una racha de desempleo por más de 5 años no hallando, emprende su propio negocio pero fracasa, se enlista en la Policía Nacional de su país pero es rechazado, no soportando la situación clama al cielo: ***´´Dios, si voy a vivir así, mejor llévame´´.***

Yo estaba preparado para irme de esta tierra porque estaba pasando uno de mis mejores tiempos espirituales, pero estaba acabado financieramente. Pareció ser que el creador no me permitiría llegar al cielo como pobre y esa crisis financiera fuese suficiente para que el creador me llevara por el camino que él quería, porque necesitaba que yo adquiriese consciencia sobre mi relación con el dinero, sobre los principios de lo que es la riqueza en verdad, para cumplir el propósito al cual estaba destinado y ayudar a muchos.´´ —Declara.

Fue entonces que recibe del cielo la convicción de escribir este libro poderoso, no sabiendo que para lograrlo había que ser un gran lector y él ya había leído muchos de diversos temas su éxito ya estaba anticipado sin el saberlo, y así emprendió entonces esta mágica aventura que se convertiría en máxima pasión y con ella, los negocios y las conferencias.

A pesar de su dura experiencia, aprendió a desarrollar consciencia acerca del dinero y su poderosa influencia en su vida y a reconocer que el dinero es la segunda mayor necesidad del mundo después de Dios; siendo para él un shok el reconocimiento porque había crecido bajo principios cristianos muy arraigados donde veían al dinero como un mal, como un dios.

Aprendió a separar dinero y religión. Aprendió a controlar sus finanzas mediante el método **Lista Presupuesto** que lo llevo a tomar el control de su dinero, liberarse de las deudas emocionales y ser libre financieramente. Aprendió a creer a una fuerza poderosa más allá de sus capacidades –Dios– entiendo que, religión es una cosa y espiritualidad muy diferente. Aprendió a crear cosas que no existían y esperar por ellas. Aprendió entre mucho, a desarrollar paciencia y disciplina encontrándola en su Pasión.

Hoy, Moisés Emanú es el autor #1 de finanzas interpersonales y del Triángulo Economico de la Vida TEV, una nueva metodología sumamente facil, rápida y recomendable, para comprender en que sistema financiero nos encontramos y hacia dónde necesitamos dirigirnos.

Es el CEO Fundador & Presidente de Compañía De Riqueza S. De R. L., la empresa de educación empresarial líder en Latino America del mundo online que capacita y entrena el carácter de líderes emprendedores, innovadores, empresarios, motivadores, vendedores, Networker Profesionales y escritores de habla hispana.

Sus publicaciones de blogs, redes sociales y libros han llegado a 7 países de Latino America logrando destacarse y convertirse en una persona de influencia y de bien. Es el CEO Fundador & Director Ejecutivo de Compañía De Riqueza Publications S. De R. L., su casa editorial.

Es el director financiero y de marketing de sus propias compañías. Y es el autor de varios de influencia internacional entre ellos, *´´Tu idea puede hacerte millonario. DEFINITIVO: muévase y aprenda´´* (1ra. Edición),

´´Nuevos secretos revelados para el Éxito en los negocios: Lo que aprendí que necesitas saber para evitar el fracaso: COMPROBADO´´. (1ra. Edición), *´´Prepárate para vivir en riquezas: EN DOS PASOS´´.*, los cuales se comercializan en Amazon.com

Pertenece a una de las comunidades más grande de escritores, **Goodreads**, goodreads.com.

Es profesional de ingeniería financiera (actualmente en proceso), Marketing digital por Google Inc., & IAB Spain, y Profesional de negoción por Michigan University, es Profesional del Mercadeo en Red, Profesional de Seguridad Privada e inversor en la nueva Economia Bitcoins.

Sus mayores logros fueron haber liberado a su madre de aquellos duros trabajos y a través de su experiencia de vida con las finanzas, influenciar y ayudar a una numerosa comunidad en el mundo online a ser libres financieramente.

Libros

Ya a la venta (En español)

Nuevos secretos revelados para el éxito en los negocios.

Lo que aprendí que **tú necesitas saber** para evitarte un nuevo fracaso: COMPROBADO.

Conoce una nueva y divertida forma de lograr éxito. Los negocios y la vida, no tienen que ser aburridos.
Desaprende, descubre, trasciende y mira estas inspiradoras historias de éxito y ve a un nuevo estilo de vida.

Una guía facil y practica que desarrolla espíritu innovador y carácter empresarial sólido.

Desarrolla tu curiosidad ahora y trasciende.

Tú idea puede hacerte Millonario

En 30 días, 10 pasos probados: Como crear tu idea de negocio y **saber venderla.**

Entonces me di cuenta de esta verdad: muchos viven hoy angustiados, estresados por dinero, agotados por causas diversas, sin poder lograr sus sueños, ***porque no prestan atención a sus ideas.***

~ Descubre como este libro puede ayudarte increíblemente hacer realidad tus sueños, aún en con poco dinero o nada; en medio de las dificultades y tomar el control de tu futuro.

Emprende HOY y transforma tu economía y estilo de vida.

EMPRESA

En **Compañía de Riqueza S. De R.L.** (Wealth Company S. De R.L.) Es la compañía en la que estamos dedicados a la formación del carácter humano del emprendedurismo, las finanzas interpersonales, el coaching de autor y la innovación empresarial del capital humano; además de las conferencias.

Nuestra misión y pasión

Crear y distribuir productos e información de alta calidad con responsabilidad, consciencia, disciplina y eficiencia; desde una perspectiva profesional y autodidacta, que animen a las personas a motivar y desarrollar sus vidas entorno a su dinero y sus negocios.

Nuestra visión

Desarrollar ricos fundamentos para la prosperidad interpersonal y material de las personas entorno a su dinero, emprendimientos y negocios, para crear bienestar personal y colectivo.

Nuestros valores

• Seriedad • Responsabilidad • Puntualidad • Resiliencia
• Pasión y bondad • Innovación • Escuchar • Lealtad

Filosofía y propuesta de valor

Enseñamos a las empresas a apostarle al valor innato de las personas, A DESCUBRIRLOS; no solo por un título o precio. APOSTARLE A LA CAPACIDAD DE ADAPTACIÓN Y A LA ACTITUD DE SUS COLABORADORES PARA APRENDER y lograr sus objetivos individuales desde una perspectiva colectiva. Eso es lo que las organizaciones de la nueva revolución empresarial necesitan hacer y apuestan, para no quedar en el pasado; y eso, es lo que en realidad crea crecimiento organizacional y económico en los participantes, felicidad.

Les motivamos a desafiarse a sí y al estatus tradicional, a tener una visión innovadora, con políticas orientadas a brindar oportunidad, y, a apostar a las capacidades interpersonales de su capital humano. Es nuestro reto.

Contacto

Esperamos que esta guía haya sido de agrado y edificación para tu vida.

Para más información, comentarios, productos, contrataciones, y alianzas estratégicas, escribanos a la dirección que aparece a continuación:

E-mail/correo
moises.emanu32@gmail.com
wealthcompany.co@gmail.com

WhatsApp Business
https://wa.me/50496574745

Nuestra fundación Sin Fines de lucro.

Fundación

Tesoros en el cielo

Un paso mas allá

Es la fundación que recauda fondos para ayudar a personas en pobreza extrema pobreza para una necesidad específica, ya sea alimentación, ropa, calzado, creación de proyectos de emprendimiento, alianzas estratégicas, donaciones a escuelas, colegios, proyectos de carácter sociales en Honduras y Latino America.

Sus donaciones son estrictamente administradas y enviamos a su correo evidencias para su entera satisfacción. ¿Quiere usted cumplir su sueño de ayudar a desamparados pero su agenda es apretada? Alíese con apasionados por la filantropía.

Desarrolle su riqueza interior yendo al siguiente enlace:

PAYPAL INTERNACIONAL

https://www.paypal.me/fundacionT

Agradecemos edificarse con nosotros y su confianza

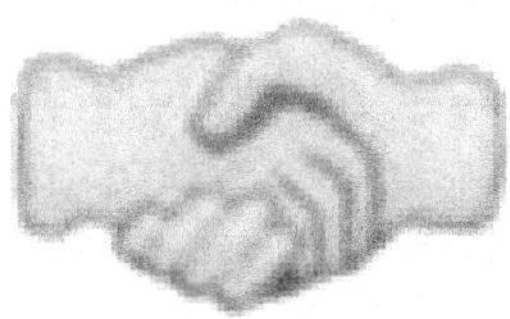

45701044R00116

Made in the USA
Middletown, DE
22 May 2019